LAS CUATRO TENDENCIAS

GRETCHEN RUBIN

LAS CUATRO TENDENCIAS

Los perfiles básicos de personalidad
que te enseñan a mejorar tu vida
(y la de los demás)

LAS CUATRO TENDENCIAS
Los perfiles básicos de personalidad que te enseñan
a mejorar tu vida (y la de los demás)

Título original: THE FOUR TENDENCIES. The Indispensable Personality
    Profiles That Reveal How to Make Your Life Better
    (and Other People's Lives Better, Too)

© 2017, Gretchen Rubin

Traducción: Enrique Mercado
Diseño de portada: Jennifer Carrow

D. R. © 2018, Editorial Océano de México, S.A. de C.V.
Homero 1500 - 402, Col. Polanco
Miguel Hidalgo, 11560, Ciudad de México
info@oceano.com.mx

Primera edición: 2018

ISBN: 978-607-527-525-3

Impreso en México / Printed in Mexico

Para Christy Fletcher (cuestionadora)

Índice

CUESTIONADOR
Lo haré... si tus razones me convencen

COMPLACIENTE
Cuenta conmigo; cuento con que lo hagas

REBELDE
No puedes obligarme; yo tampoco

APLICACIÓN DE LAS CUATRO TENDENCIAS

APÉNDICES

Al final llegué a la conclusión de que mi ambición
más grande es ser lo que ya soy.

Diario de Thomas Merton (rebelde)

TU TENDENCIA

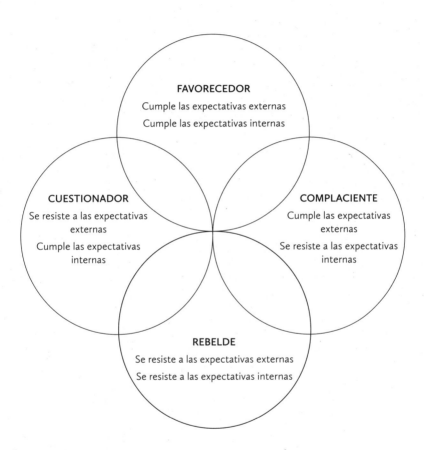

FAVORECEDOR

Cumple las expectativas externas

Cumple las expectativas internas

CUESTIONADOR

Se resiste a las expectativas externas

Cumple las expectativas internas

COMPLACIENTE

Cumple las expectativas externas

Se resiste a las expectativas internas

REBELDE

Se resiste a las expectativas externas

Se resiste a las expectativas internas

1. Las cuatro tendencias

El origen de las cuatro tendencias • Cómo se entretejen con nuestro carácter • Por qué es útil que identifiquemos la nuestra • Por qué es útil que identifiquemos la de los demás

Aunque en su momento no me percaté de ello, una lluviosa tarde de invierno atravesé la puerta del restaurante Atlantic Grill, rumbo a la que sería una de las conversaciones más importantes de mi vida.

Mientras saboreaba una hamburguesa con queso y mi amiga picoteaba su ensalada, hizo un comentario que ocuparía mi mente durante varios años. De pronto mencionó: "Me gustaría adoptar el hábito de correr, pero no puedo, y eso me molesta mucho". Después de eso, agregó una observación crucial: "Cuando estaba en el equipo de atletismo de la preparatoria, nunca me perdí un entrenamiento; ¿por qué ahora no puedo convencerme de ir a correr?". "Sí, ¿por qué?", repetí. "¡Bueno! Tú sabes que es casi imposible tener tiempo para uno mismo." "Mmm...", masculle.

Pese a que después hablamos de otras cosas, una vez que nos despedimos yo no podía dejar de pensar en nuestro diálogo. Mi amiga era la misma persona que fue en la preparatoria y quería realizar la misma actividad que en ese entonces practicaba; pero mientras que en el pasado fue capaz de ir a correr, ahora no lograba hacerlo. ¿Por qué? ¿Se debía a su edad? ¿A la falta de motivación? ¿A su situación familiar? ¿Al lugar? ¿A su espíritu competitivo?

Además, dio por hecho que a todos se nos complica "tener tiempo para uno mismo", pero a mí eso no se me dificulta en absoluto. ¿Qué diferencia existía entre nosotras?

Dediqué los años siguientes a tratar de responder esas preguntas.

El origen de las cuatro tendencias

Dicen que hay dos tipos de personas: las que dividen el mundo en dos tipos de personas y las que no.

Yo pertenezco, sin duda, al primero. Mi principal interés es la naturaleza humana, y todo el tiempo busco estándares para identificar qué hacemos y por qué.

He pasado años estudiando la felicidad y los hábitos, y ahora tengo la certeza de que no existe una receta mágica y universal para forjar una vida más feliz, sana y productiva. Diferentes estrategias son útiles a diferentes personas; de hecho, lo que le sirve a una podría ser *justo lo contrario* de lo que le funciona a otra. Algunas son diurnas, otras nocturnas; a algunas les favorece resistirse a una tentación intensa, otras ceden a ella con moderación; algunas aman la sencillez, otras prefieren la abundancia.

No sólo eso. Mientras consideraba la observación de mi amiga acerca de su hábito de correr, intuí que bajo las divergencias del tipo "nocturnas *versus* diurnas" había una diferencia básica que determinaba la naturaleza de la gente, algo profundo pero también obvio y notable que, sin embargo, escapaba a mi entendimiento.

Para comprenderlo, les hice a los lectores de mi página de internet varias preguntas, entre ellas: ¿Qué opinas de los propósitos de Año Nuevo? ¿Respetas el reglamento de tránsito? ¿Por qué? y ¿Te inscribirías en un curso por el placer de tomarlo?

Cuando recibí las respuestas, vi que entre ellas se percibían patrones distintivos. Era *increíble*, como si varios grupos se hubieran puesto de acuerdo para contestar basándose en el mismo guion.

En relación, por ejemplo, con los propósitos de Año Nuevo, varias personas respondieron prácticamente lo mismo: "Cumplo un propósito si es útil, pero no de Año Nuevo, porque el 1 de enero es una fecha arbitraria". Todas ellas usaban la palabra "arbitraria"; la elección de este término específico me intrigó, porque a mí la *arbitrariedad* del 1 de enero nunca me había incomodado. No obstante, todas esas personas contestaron lo mismo; entonces, ¿qué tenían en común?

Muchas otras respondieron: "Ya no hago propósitos de Año Nuevo porque jamás los cumplo; nunca tengo tiempo para mí". Otro grupo dijo: "Jamás hago propósitos de Año Nuevo porque no me gusta atarme a nada".

Pese a que yo sabía que detrás de todo eso existía algún estándar significativo, no lograba distinguirlo.

Luego de varios meses de reflexión, al fin lo descubrí. Sentada en el escritorio del despacho de mi casa, miré por casualidad los garabatos de mi lista de pendientes y de pronto entendí que la pregunta decisiva era: *"¿Cómo respondes a las expectativas?"*. ¡Lo había resuelto!

Di con la clave y sentí la misma emoción que sintió Arquímedes cuando salió de la bañera. Aunque no me moví, por mi mente discurrieron múltiples pensamientos sobre las *expectativas*. En ese momento me percaté de que todos enfrentamos dos clases de expectativas:

- Externas: las que otros nos imponen, como cumplir una fecha límite en el trabajo.
- Internas: las que nos imponemos a nosotros mismos, como cumplir un propósito de Año Nuevo.

Y entonces llegó la idea crucial: dependiendo del modo en que cada individuo responde a las expectativas externas e internas pertenece a uno de estos cuatro tipos:

- Los **favorecedores** responden sin demora a las expectativas externas e internas.

- Los **cuestionadores** ponen en duda todas las expectativas, y como sólo las cumplen si las creen justificadas, responden nada más a las internas.

- Los **complacientes** responden sin demora a las expectativas externas, pero se resisten a satisfacer las internas.

- Los **rebeldes** se resisten por igual a todas las expectativas, sean externas o internas.

Así de simple. Por medio de una sola pregunta, la humanidad entera quedaba dividida en cuatro categorías.

Comprendí entonces por qué mi amiga tenía problemas para adoptar el hábito de correr: era complaciente. Cuando tuvo un equipo y un entrenador que esperaban cosas de ella, no se resistía a entrenar; ahora que se trataba de sus expectativas internas, las cosas se complicaban. Comprendí también esos repetidos comentarios sobre los propósitos de Año Nuevo y muchas cosas más.

La teoría de las cuatro tendencias aclaró los patrones de

conducta me permitió dotar de sentido algo que todos habíamos percibido, pero que nadie había analizado.

Cuando proyecté el sistema completo en una hoja, en forma de cuatro círculos simétricos vinculados, esta teoría poseía
la elegancia de un helecho o una concha de molusco. De verdad
sentí que había descubierto una ley de la naturaleza humana.

O quizás había creado algo parecido al sombrero de un
mago.

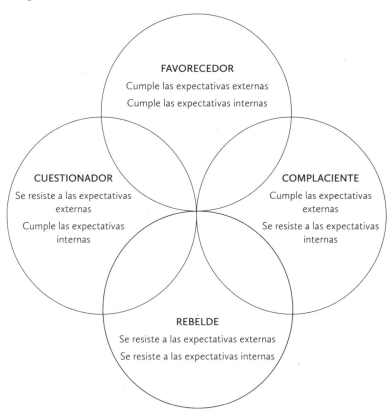

Una vez que identifiqué esta teoría, quise profundizar en mi
comprensión. "La estrategia de las cuatro tendencias" pasó a
ser el primer capítulo de *Better Than Before*, mi libro acerca

del cambio de hábitos; escribí sobre las tendencias en mi página en internet (gretchenrubin.com), y mi hermana y colega Elizabeth Craft y yo hablábamos del tema en nuestro podcast semanal, *Happier with Gretchen Rubin*. En cada ocasión en que me refería a esta teoría, los lectores y oyentes reaccionaban.

Aunque la mayoría de la gente puede identificar su tendencia a partir de una breve descripción, para quienes dudan o quieren que sus respuestas sean analizadas elaboré un cuestionario; miles de personas han resuelto el test de las cuatro tendencias que aparece en el capítulo 2 de este libro (y que está disponible también en happiercast.com/quiz). Sus réplicas y respuestas abiertas me brindaron un tesoro adicional de ideas (para empezar, noté que la tendencia de una persona influye en su disposición a resolver este test; los cuestionadores se preguntan: "¿Por qué dedicar tiempo y esfuerzo a realizarlo?", mientras que los rebeldes piensan: "¿Quieres que resuelva este test? ¡Pues no lo haré!").

Para poner a prueba mis observaciones sobre las cuatro tendencias, decidí llevar a cabo un estudio de esta teoría entre una muestra representativa para inspeccionar a un grupo de estadunidenses adultos geográficamente dispersos y de los más diversos géneros, edades y niveles de ingreso.[1]

Mi hallazgo más importante fue la distribución de las cuatro tendencias: la de los complacientes resultó la más grande de todas, con cuarenta y uno por ciento, seguida por los cuestionadores, con veinticuatro; los rebeldes con diecisiete por ciento, el número de individuos más bajo —proporción que creí que sería menor todavía—; y los favorecedores, mi tendencia, fue apenas un poco mayor, con diecinueve por ciento. Este estudio también confirmó muchas de mis observaciones sobre las cuatro tendencias; que, por ejemplo, los favorecedores son los más proclives a cumplir propósitos de Año Nuevo, a los rebeldes les disgustan, los cuestionadores los hacen, pero no en esa fecha arbitraria y los complacientes han renunciado a ellos porque les han dado problemas en el pasado.

Conforme afinaba esta teoría, asigné un color a cada tendencia, a partir del modelo del semáforo. El amarillo representa a los cuestionadores, porque así como la luz amarilla nos advierte que "esperemos" antes de que decidamos si proceder o no, los cuestionadores preguntan "¿por qué?" antes de cumplir o no una expectativa. El verde representa a los complacientes, quienes "siguen adelante" sin más ni más. El rojo representa a los rebeldes, los que tienden a detenerse o a decir que no. Puesto que no existe un cuarto color en el semáforo, elegí el azul para los favorecedores, lo cual parece razonable.

Entre más estudio las tendencias, más confirmo su amplia influencia.

Considerar las cuatro tendencias nos permite conocernos mejor a nosotros mismos. Este conocimiento es crucial, porque sólo sobre la base de nuestra naturaleza, intereses y valores podremos forjar una vida feliz.

Considerar las cuatro tendencias nos permite también conocer mejor a los demás. Podemos vivir y trabajar más eficientemente con ellos si identificamos su tendencia como compañeros y jefes, maestros y entrenadores, esposos, padres e hijos o prestadores de servicios de salud y pacientes.

Entender las cuatro tendencias nos brinda una más rica comprensión del mundo.

Cómo se entretejen las tendencias con nuestro carácter

Nuestra tendencia es un hecho predeterminado; no es producto del lugar que ocupamos entre nuestros hermanos, la forma en que nuestros padres nos educaron y nuestra educación religiosa o género. No tiene nada que ver con la extroversión o introversión. No cambia si estamos en casa, en el trabajo o con amigos ni a medida que envejecemos. Nuestra tendencia va con nosotros a todas partes.

En un grado sorprendente, la mayoría de la gente cabe a la perfección en una de las cuatro tendencias. Aunque en ocasiones es difícil identificarla en un niño (yo no he podido deducir todavía la tendencia de una de mis hijas), cuando llegamos a la edad adulta encajamos claramente en una tendencia particular que define nuestras percepciones y conductas de manera fundamental. A menos que vivamos una experiencia dramática que altere nuestro carácter —un roce con la muerte, una enfermedad grave o un intenso periodo de adicción—, nuestra tendencia no cambiará.

Pero dependiendo del momento histórico y sus circunstancias, podría sernos más o menos útil mientras transitamos por el mundo. En Corea del Norte las preguntas de un cuestionador podrían llevarlo a la cárcel, mientras que en Silicon Valley le merecerían un ascenso.

De igual forma, la variedad de personalidades es enorme aun entre individuos de la misma tendencia. Más allá de su tendencia, algunos son más o menos amables que otros, ambiciosos, intelectuales, controladores, carismáticos, bondadosos, ansiosos, vigorosos o arriesgados. Estas cualidades influyen drásticamente en el modo en que una persona expresa su tendencia. Un rebelde con ambiciones, que aspira a ser un respetado líder de negocios, se comportará diferente a un rebelde al que no le importa mucho lograr una carrera exitosa.

La gente afirma frecuentemente que en ella se combinan varias tendencias. Muchos me dicen: "Soy complaciente y favorecedor al mismo tiempo" o "Mi tendencia cambia según dónde o con quién me encuentre". Pese a que esto parecería razonable, debo decir que, casi siempre, me basta con hacer unas cuantas preguntas para determinar con claridad la tendencia dominante de un individuo.

Desde luego que, como se explicará más adelante, la gente suele "inclinarse" a la tendencia parecida a la suya, pese a que pertenece en esencia a una tendencia básica.

Y por supuesto que también es verdad que, sea cual sea nuestra tendencia dominante, cada uno de nosotros es hasta cierto punto favorecedor, cuestionador, complaciente y rebelde en forma simultánea.

Todos cumplimos una expectativa cuando no queremos sufrir las consecuencias por haberla ignorado: el rebelde prefiere usar cinturón de seguridad que pagar multas muy altas.

En algún momento todos nos cuestionamos por qué debemos satisfacer una expectativa, nos enfadamos ante la ineficiencia o nos negamos a hacer algo que juzgamos arbitrario.

Todos cumplimos algunas expectativas porque son importantes para alguien. Aun el más disciplinado de los favorecedores sacrificará su junta de los lunes si su hijo se encuentra recuperándose de una operación reciente. Y cualquiera que sea nuestra tendencia, todos compartimos el deseo de autonomía. Preferimos que nos pidan hacer algo a que nos lo ordenen y si sentimos que alguien nos controla en exceso podríamos mostrar renuencia o rechazo a algo que consideramos una amenaza a nuestra libertad o capacidad de decisión.

Al terminar una conferencia en la que describí las cuatro tendencias, un señor se me acercó y me dijo: "Creo que cada quien debe manejar a la velocidad que considere segura, ¡así que sin duda soy un cuestionador!".

Yo sonreí, porque esto no se reduce a decir: "Si ignoro el límite de velocidad, soy un cuestionador", "Me niego a lavar los trastes, así que soy un rebelde" o "Como me gusta hacer listas de pendientes, soy un favorecedor". Para identificar nuestra tendencia debemos considerar numerosos ejemplos de nuestra conducta, así como las *razones* de que la adoptemos. Por ejemplo, un cuestionador y un rebelde rechazarán una expectativa, pero el primero piensa: "No la cumpliré porque no tiene sentido", mientras que el segundo cavila: "No la cumpliré porque tú no eres nadie para decirme lo que debo hacer".

He aprendido que, aunque cada tendencia tiene dificultades, la gente cree que el complaciente y el rebelde son los más desafiantes, ya sea si se identifican con esta tendencia o tratan con alguien que pertenezca a ella (por eso en este libro los capítulos sobre el complaciente y el rebelde son más largos que los dedicados al favorecedor y al cuestionador).

Muchos intentan comparar las cuatro tendencias con otras clasificaciones; con los cinco grandes rasgos de personalidad, las fortalezas, el eneagrama de la personalidad, el modelo de Myers-Briggs, y hasta con las cuatro casas de Hogwarts.

A pesar de que a mí me fascina cualquier esquema que me ayude a comprender la naturaleza humana, pienso que es un error asegurar que "esto" equivale a "aquello". Cada teoría recoge una concepción distinta, que se perdería si se mezclaran todos los sistemas. Ninguno de ellos puede abarcar la naturaleza humana en toda su profundidad y variedad.

Asimismo, pienso que muchas teorías de la personalidad contienen demasiados elementos en sus categorías. En contraste, la teoría de las cuatro tendencias describe un solo aspecto del carácter de un individuo, un punto muy importante pero único entre las múltiples cualidades que componen a una persona. Las cuatro tendencias explican *el motivo de que actuemos* o *no*.

Por qué es útil que identifiquemos nuestra tendencia

Cuando describo las cuatro tendencias, a veces tengo la impresión de que la gente trata de deducir cuál es la "mejor" para integrarse en ella, pero ninguna es mejor o peor. Las personas más felices, sanas y productivas no son las que pertenecen a una tendencia particular, sino las que han entendido cómo aprovechar las fortalezas de su tendencia, contrarrestar sus debilidades y forjarse una vida a su medida.

Con la sabiduría, experiencia y conocimiento que proceden de nuestra tendencia podemos usar productivamente nuestro tiempo, tomar mejores decisiones, padecer menos estrés, mejorar nuestra salud y tratar a los demás con mayor eficacia.

En cambio, si no esclarecemos nuestra tendencia, nos arriesgamos a no conocer los aspectos de una situación particular que produce éxito o fracaso. Por ejemplo, un agente literario me dijo:

—Uno de mis clientes es un periodista sin ningún problema con las fechas límite y una magnífica ética de trabajo, pero ahora que pidió días de permiso para escribir un libro se siente bloqueado.

—Apuesto que no lo está, sino que es complaciente —repliqué—; trabajaba bien cuando tenía que cumplir fechas límite; ahora tiene una fecha límite distante y poca supervisión. Debería reportarse cada semana con su jefe, integrarse a un grupo de escritores, o tú podrías pedirle que te entregue cada mes cierta cantidad de cuartillas. Lo que necesita es un sistema de responsabilidad externa.

De la misma manera, si no conocemos las cuatro tendencias podríamos hacer suposiciones poco realistas imaginando que la gente puede cambiar. Una señora me escribió: "Mi

esposo es un rebelde; me desalienta pensar que ése es su carácter y nunca cambiará. ¿Es posible que un rebelde sea alguien
que no ha madurado ni comprendido que el mundo no se reduce a hacer lo que él quiere? ¿Él podría cambiar su actitud?".
No quise decirlo bruscamente en mi respuesta, pero a estas
alturas no creo que ese señor cambie.

La gente me pregunta frecuentemente: "¿La tendencia
determina la elección de carrera?". Aunque todas las tendencias pueden armonizar con prácticamente cualquier empleo,
resulta interesante pensar en la interacción entre carrera y
tendencia. Por ejemplo, conozco a un entrenador canino favorecedor que incorpora a su trabajo el espíritu de esa tendencia,
pero puedo imaginar también a cuestionadores, complacientes y rebeldes ejecutando esa tarea.

Sin embargo, aunque personas de todas las tendencias
puedan incursionar en cualquier carrera no significa que *deban* hacerlo. Las cuatro tendencias nos ayudan a identificar
por qué podríamos disfrutar más —o menos— de ciertos trabajos. Un lector me escribió: "Ahora comprendo por qué no
soporto mi empleo: soy cien por ciento cuestionador, pese a
que me dedico a la contabilidad de impuestos. No me interesa en absoluto seguir los detalles de lo que, en última instan-
cia, es un conjunto inmenso de reglas arbitrarias carentes de
sentido, y esto ha sido un gran obstáculo para mi éxito y satisfacción en el trabajo".

Saber cuál es nuestra tendencia nos permitirá ser más
compasivos con nosotros y decirnos: "Soy una persona de este
tipo y no es nada malo; puedo desarrollarme al máximo siendo así". Como me escribió una favorecedora: "Mis padres siempre me decían que me relajara, mi difunto esposo siempre me
decía que me relajara y en la actualidad mi hija me dice que
me relaje, pero ahora sé que me siento mucho más realizada

cuando sigo las reglas que yo misma me he fijado". Un rebelde explicó:

> Darme cuenta de que soy rebelde me reveló por qué una terapia de años fracasó: luego de analizar mi falta de disciplina, probé técnicas que resultaron contraproducentes (¿Responsabilidad? Ja, ja, ja). Es cierto que algunas técnicas no nos sirven a los rebeldes, pero lo falso es que nos hagan creer (y frecuentemente lo creemos) que nosotros estamos mal. ¿Acaso un adulto eficiente y exitoso se resiste a pagar sus cuentas, terminar sus proyectos y llevar a cabo cualquier cosa? ¿Se le dificulta cumplir las expectativas de todos, incluso las propias? Esto además de inusual, francamente parece patológico en el mundo de hoy. Pero tu teoría, Gretchen, señala que eso no es cierto. Concentrarme en lo que me funciona, más que en lo que hago mal, ha sido sumamente liberador.

Un complaciente me escribió:

> Como guionista de televisión, he lidiado constantemente con mi incapacidad para cumplir cualquier tipo de fecha límite, pese a ello he sido siempre un empleado dinámico que entrega a tiempo todos sus guiones. He dado gran cantidad de nombres a esa inclinación: pereza, irresponsabilidad, niño con disfraz de adulto y muchos otros términos. Al darme un nuevo nombre —complaciente—, me otorgaste una forma de aceptarme. Ahora puedo dejar de lado mi aversión por mí y dedicarme a idear medios más inteligentes para hacer las cosas. Esto me ha vuelto más productivo, y sobre todo mucho más feliz.

Cuando conocemos nuestra tendencia, podemos ajustar cada situación de tal manera que nuestras posibilidades de éxito aumenten. Es prácticamente imposible cambiar nuestra naturaleza, pero es muy fácil ajustar las circunstancias a nuestra tendencia, para procurarnos más claridad, justificación, responsabilidad o libertad. Comprender nuestra tendencia hace factible que nosotros mismos generemos las situaciones en las que logremos mejorar.

Por qué es útil que identifiquemos la tendencia de los demás

En la otra cara de la moneda, cuando estamos al tanto de la tendencia de los demás, somos más tolerantes. Para comenzar, admitimos que la conducta de un individuo no está enfocada en nosotros; que el cuestionador no hace preguntas para debilitar a su jefe o desafiar la autoridad del profesor, sino porque siempre tiene preguntas que hacer. Una lectora me escribió: "He vivido siete años con un rebelde. Es reconfortante enterarse de que su forma de ser es tan natural para *él* como ser complaciente para *mí*".

Conocer la tendencia de otros también facilita convencerlos, alentarlos y evitar conflictos. Si no consideramos la tendencia de alguien, nuestras palabras podrían resultar ineficaces y hasta contraproducentes. El hecho es que, si queremos comunicarnos, debemos emplear el lenguaje indicado: no el mensaje más efectivo para *nosotros*, sino el que persuadirá al *receptor*. Cuando tomamos en cuenta las cuatro tendencias, podemos adaptar nuestros argumentos para que les resulten atractivos a las personas con valores diferentes a los nuestros.

Si, por otro lado, ignoramos las tendencias, reducimos nuestra posibilidad de éxito. El favorecedor que insiste en sermonear a un rebelde no hace otra cosa que avivar su resistencia. Un cuestionador podría darle a un complaciente varias razones de peso para que emprenda una acción, pero estos argumentos lógicos carecerán de importancia puesto que para él la clave es la responsabilidad externa.

Un lector me envió esta irónica lista de adivinanzas que ilustran las cuatro tendencias:

> *¿Cómo logras que un favorecedor cambie un foco?*
> Ya lo cambió.

> *¿Cómo logras que lo cambie un cuestionador?*
> "¿Para qué necesitamos un foco?"

> *¿Cómo logras que lo haga un complaciente?*
> Se lo pides.

> *¿Cómo logras que lo haga un rebelde?*
> Si lo haces tú.

Una nutrióloga cuestionadora comentó: "Mi meta es que la gente de este país coma mejor, y por eso estoy escribiendo un libro en el que explico que los sistemas cultural y económico determinan nuestra alimentación". Estaba firmemente convencida de que, si presentaba sus argumentos en forma lógica, los lectores cambiarían sus hábitos alimenticios. ¡Era sin duda alguna una cuestionadora consumada!

Pero para comunicarnos con efectividad, debemos llegar a la gente a través de *su* tendencia, no de la nuestra.

Esto se aplica a médicos, profesores, entrenadores, jefes, cónyuges, padres, compañeros de trabajo, maestros, vecinos e individuos de toda clase y condición que quieran convencer a otras personas de hacer lo que ellos desean; es decir, se aplica a todos.

Aun en mensajes destinados a un público amplio es posible dar información que toque una fibra sensible de cada tendencia. Una tarde en que expuse las cuatro tendencias durante un congreso de negocios, escuché un creativo ejemplo de esto. Antes de presentarme, el dirigente del grupo explicó a detalle por qué era esencial que los asistentes llegaran a tiempo al resto de las actividades del fin de semana.

Cuando concluí mi conferencia, me encantó oír la forma en que él enunció sus recordatorios para cada tendencia: "A los favorecedores, gracias de antemano por cooperar con mi petición de ser puntuales. Cuestionadores: ya les di muchas razones para llegar a tiempo a todas las juntas. Complacientes: estoy al pendiente de ustedes y cuento con que sean puntuales. Rebeldes: por favor, dejen el bar para después". *¡Perfecto!*

Incluso el vocabulario que elegimos puede resonar de manera diferente para cada tendencia. Un niño rebelde reaccionará mejor si se le pregunta: "¿Tienes ganas de tocar el piano en este momento?", mientras que un favorecedor se mostrará satisfecho si se le recuerda: "Ya es hora de practicar el piano".

En el área de la salud, el hecho de que la gente no escuche a su médico implica un costo muy alto. La mala alimentación, la falta de actividad física, el abuso de fármacos, el alcohol y el tabaquismo son las principales causas de enfermedad y muerte, y todas estas conductas dependen totalmente de nuestro control. Cuando se toman en cuenta las tendencias, es más factible persuadir a otros de que reduzcan su consumo de azúcar, den un paseo de veinte minutos, hagan sus ejercicios de rehabilitación, dejen el alcohol o tomen sus medicinas.

No obstante, conviene recordar que la teoría de las cuatro tendencias fue pensada para ayudarnos a conocernos mejor, no para limitar nuestra identidad y posibilidades. Hay quienes aseguran que "definir es confinar"; yo pienso que los sistemas de autodefinición son muy útiles, porque sirven de punto de partida para el conocimiento de uno mismo. La teoría de las cuatro tendencias no pretende impedir nuestro desarrollo ni establecer una etiqueta que determine todo lo que somos, sino un reflector que ilumine aspectos ocultos de nuestra naturaleza.

Cuando nos conocemos y sabemos que nuestra tendencia determina nuestra visión del mundo, podemos adaptar las circunstancias a nuestra naturaleza; y si sabemos que la tendencia de los demás también determina *su* visión del mundo, podemos tratarlos de un modo más efectivo.

Las cuatro tendencias nos permiten ver que un sutil cambio de vocabulario, una breve conversación o un cambio de actitud puede modificar en su totalidad la conducta de una persona. Y esto es importante. Si un paciente toma regularmente su medicina para la presión, vivirá más; si un estudiante hace sus tareas, no reprobará el curso; si una pareja se comunica con serenidad, su matrimonio perdurará, y si evito enviar correos de trabajo el fin de semana mis colegas no se sentirán invadidos.

Uno de los grandes retos diarios de la vida es: "¿Cómo puedo lograr que la gente —incluyéndome— haga lo que deseo?". Las cuatro tendencias lo facilitaran en un grado muy alto.

2. Identifica tu tendencia

Resuelve el test de las cuatro tendencias

De todas las tareas que se le imponen al hombre en la vida, la educación y control de su carácter son las más importantes, de modo que [...] es preciso que él haga una indagación serena y atenta de sus inclinaciones sin dejarse cegar por el autoengaño, que oculta los tropiezos y amplifica las virtudes, ni por el indiscriminado pesimismo, que le niega sus facultades para el bien. Debe evitar el fatalismo, que lo convencería de que no tiene poder sobre su naturaleza, pero también admitir que ese poder no es ilimitado.

WILLIAM EDWARD HARTPOLE LECKY,
The Map of Life

Para identificar tu tendencia, resuelve el test que aparece a continuación, o visita happiercast.com/quiz.

Para resolver el test, elige en cada caso la respuesta que se aplica a ti *en general*; no busques excepciones ni te concentres en un área específica de tu vida.

Si obtienes el mismo número de respuestas **para dos tendencias**, eso *no* significa que pertenezcas a **ambas; elige la que** te describe más atinadamente.

Tú eres el mejor juez. Si crees que te describe mejor una tendencia distinta a la que resulte de este cuestionario, confía en tu juicio.

1. ¿Alguna vez has cumplido un propósito de Año Nuevo (como tomar más agua o llevar un diario) del que no tenías que rendir cuenta a nadie?

    a) Sí. Soy bueno para cumplir propósitos de Año Nuevo, aun aquellos de los que no sabe nadie más que yo.

    b) Soy bueno para cumplir propósitos, pero los hago cuando me parece conveniente. No espero a que sea Año Nuevo para eso; el 1 de enero es una fecha arbitraria.

    c) He tenido problemas con ese tipo de propósitos, así que no suelo hacerlos. Cuando nadie me ayuda a cumplirlos, no logro llevarlos a cabo.

    d) No, no me gusta que nada me ate.

2. ¿Cuál de los enunciados siguientes describe mejor tu actitud respecto a tus compromisos contigo mismo?

    a) Hago un compromiso conmigo sólo si estoy convencido de que tiene sentido hacerlo.

    b) Si debo rendir cuentas de mis compromisos, los cumplo; si no los conoce nadie más que yo, me resisto a ellos.

    c) Me ato lo menos posible a cualquier cosa.

    d) Tomo mis compromisos conmigo tan en serio como los que hago con los demás.

3. A veces nuestras circunstancias nos frustran. ¿Cuál es la causa más probable de frustración para ti?

    a) La constante necesidad de cuestionar todo.

    b) La renuencia a hacer algo, sobre todo si se espera que lo haga.

c) No tener tiempo para mí, pero sí para los demás.

d) No poder incumplir tus hábitos ni infringir una regla, pese a que quisieras hacerlo.

4. Cuando has adoptado un buen hábito, ¿qué te ha ayudado a apegarte a él?

a) Nada ni nadie en particular; me apego fácilmente a ellos.

b) Haber investigado mucho cómo lograrlo, lo que implica hacer numerosos ajustes.

c) Ser responsable de cumplirlo ante alguien más.

d) No acostumbro hacer planes que me aten a nada en particular.

5. Si la gente se quejara de tu conducta, no te sorprendería que dijera que...

a) Mantienes buenos hábitos que te importan, aunque sean inconvenientes para otros.

b) Haces demasiadas preguntas.

c) Tienes tiempo para hacer lo que te piden los demás, pero no para ti.

d) Sólo haces lo que quieres y cuando quieres.

6. ¿Qué descripción se ajusta más a ti?

a) Pones siempre primero a los demás: clientes, familiares, vecinos y compañeros de trabajo.

b) Eres disciplinado, aunque a veces no tenga sentido que lo seas.

c) Te niegas a recibir órdenes de quienquiera.

d) Haces preguntas indispensables.

7. Impaciento a la gente porque cuando me pide hacer algo, es menos probable que lo haga (aun si se trata de un jefe o cliente).

> Generalmente de acuerdo.
> Neutral.
> Generalmente en desacuerdo.

8. Hago lo que a mi juicio es más razonable, pese a que eso signifique ignorar las reglas o expectativas de otros.

> Generalmente de acuerdo.
> Neutral.
> Generalmente en desacuerdo.

9. Nunca incumplo mis compromisos con los demás, aunque a veces incumplo los que hago conmigo mismo.

> Generalmente de acuerdo.
> Neutral.
> Generalmente en desacuerdo.

10. En ocasiones no hago algo que quiero porque alguien quiere que lo haga.

> Generalmente de acuerdo.
> Neutral.
> Generalmente en desacuerdo.

11. A veces me he descrito a mí mismo como alguien que busca la aprobación de la gente.

> Generalmente de acuerdo.
> Neutral.
> Generalmente en desacuerdo.

12. No me importa infringir reglas ni violar convenciones; con frecuencia lo disfruto.

> Generalmente de acuerdo.
> Neutral.
> Generalmente en desacuerdo.

13. Cuestiono la validez de la teoría de las cuatro tendencias.

> Generalmente de acuerdo.
> Neutral.
> Generalmente en desacuerdo.

Puntuación

1. *a)* favorecedor; *b)* cuestionador; *c)* complaciente; *d)* rebelde.

2. *a)* cuestionador; *b)* complaciente; *c)* rebelde; *d)* favorecedor.

3. *a)* cuestionador; *b)* rebelde; *c)* complaciente; *d)* favorecedor.

4. *a)* favorecedor; *b)* cuestionador; *c)* complaciente; *d)* rebelde.

5. *a)* favorecedor; *b)* cuestionador; *c)* complaciente; *d)* rebelde.

6. *a)* complaciente; *b)* favorecedor; *c)* rebelde; *d)* cuestionador.

7. *Generalmente de acuerdo*, rebelde.

8. *Generalmente de acuerdo*, cuestionador.

9. *Generalmente de acuerdo*, complaciente.

10. *Generalmente de acuerdo*, rebelde.

11. *Generalmente de acuerdo*, complaciente.

12. *Generalmente de acuerdo*, rebelde.

13. *Generalmente de acuerdo*, cuestionador.

FAVORECEDOR

La disciplina es mi libertad

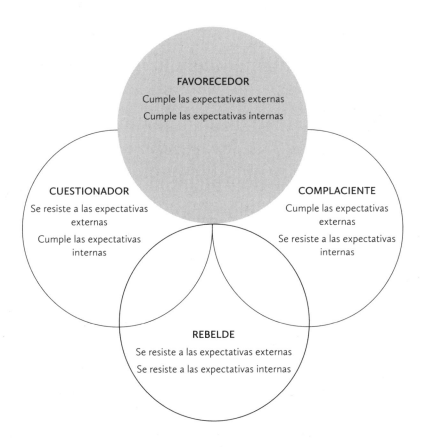

FAVORECEDOR
Cumple las expectativas externas
Cumple las expectativas internas

CUESTIONADOR
Se resiste a las expectativas externas
Cumple las expectativas internas

COMPLACIENTE
Cumple las expectativas externas
Se resiste a las expectativas internas

REBELDE
Se resiste a las expectativas externas
Se resiste a las expectativas internas

"Puedo hacer lo que quiero y lo que no."

"¿Por qué no lo hiciste como te dije?"

"Tu falta de planeación
no es mi problema."

"Haz lo correcto, aunque te llamen rígido."

"Hazlo y ya."

3. Descripción del favorecedor

"Haz lo correcto, aunque te llamen rígido"

Fortalezas (y debilidades) • Debilidades (y fortalezas) • Variaciones de la tendencia • Por qué los favorecedores poseen un instinto de preservación • Cómo pueden controlar la rigidez • Por qué deben expresar sus expectativas internas

Todos enfrentamos en la vida dos tipos de expectativas: las *externas,* que otros nos imponen, como presentar a tiempo un informe, y las *internas,* que nos imponemos nosotros mismos, como acostarnos todas las noches a las once.

En la teoría de las cuatro tendencias, los favorecedores son los individuos que responden sin demora a las expectativas tanto externas como internas. Cumplen sin mayor dificultad las fechas límite en su trabajo y sus propósitos de Año Nuevo.

En la mayoría de los casos, esas personas quieren hacer lo que los demás esperan de ellas, y sus expectativas de *sí mismas* son igualmente importantes.

Debido a su disposición a satisfacer las expectativas externas e internas, también tienden a preferir los horarios y las rutinas; son personas que cuando despiertan, piensan: "¿Qué hay en mi agenda y en mi lista de pendientes el día de hoy?". Les agrada saber qué se espera de ellas y no les gusta cometer errores ni defraudar a la gente, ni a sí mismas.

En mayor medida que las otras tres tendencias, los favorecedores juzgan muy simple tomar la decisión de actuar y ponerla en práctica y adoptan hábitos con más facilidad.

Conozco muy bien esta tendencia porque es la mía, y quizás a eso se deba que sea la primera en explicarse en esta teoría.

Antes suponía que la mayoría de la gente se parecía a mí, pero me sorprendía y molestaba que no actuara o pensara como yo. Muchas cosas se aclararon cuando me di cuenta de que *a)* existen las cuatro tendencias, *b)* soy una favorecedora y *c)* poca gente lo es. Este tipo de personalidad es raro y extremo (por cierto, fui la única en asombrarme cuando supe que tenía una personalidad rara y extrema).

Saber que soy favorecedora resolvió una pregunta que me intrigaba desde hace tiempo. En mis libros *The Happiness Project* y *Happier at Home* escribí acerca de los hábitos y propósitos que adopté para ser más feliz, sana y productiva. Cuando esos libros se publicaron, me impresionó que mucha gente me preguntara: "¿Cómo lograste *hacer* todas esas cosas: escribir los posts de tu blog, entenderte con tu esposo e ir al gimnasio todos los días?". Yo respondía: "Supuse que todas esas cosas me volverían feliz, así que simplemente las hacía".

"Pero *¿cómo?*", me repetían.

No entendía por qué la gente se aferraba a esa interrogante.

Ahora lo entiendo. A una favorecedora como yo no le es difícil tomar una decisión y ejecutarla; para muchos otros eso no es tan sencillo.

Fortalezas (y debilidades)

Sé, por experiencia —aunque no puedo ser imparcial—, que buena parte de los aspectos de esta tendencia son estupendos.

Los demás suelen confiar en los favorecedores y ellos pueden confiar en sí mismos.

Los favorecedores cumplen de buen grado las expectativas externas. Son autónomos; no se les dificulta establecer fechas límite, presentarse puntualmente a sus citas, cumplir compromisos o gestionar tareas; y no dependen de la supervisión, vigilancia, recordatorios o sanciones para seguir su curso.

Las reglas les atraen. Por ejemplo, si veo una lista de reglas —junto a una alberca o en el comedor de una oficina—, no resisto la tentación de leerla y aplicarla. Por lo general, a los favorecedores no nos molesta vestir uniforme, seguir una receta al pie de la letra ni obedecer instrucciones.

Lo mismo que con las expectativas externas, los favorecedores satisfacen también las internas. Si deciden hacer algo, lo hacen, aunque eso no le importe a nadie más, o incluso si alguien lo juzga inconveniente.

Como favorecedora, sé que puedo contar conmigo más que con cualquier otra persona en la vida.

Si hago un compromiso, casi siempre lo cumplo, aun sin ayuda externa. Cuando terminé mis estudios de leyes (carrera a la que me dediqué un tiempo), tuve que presentar mi examen profesional. Para prepararme ordené una colección BARBRI de audiocasetes de repaso y dediqué horas a escucharlos, tomar apuntes y estudiarlos en mi casa. En cambio, mis amigos optaron por asistir a un curso para apegarse a un horario de estudio, mientras que yo pude estudiar por mí misma.

Dado su deseo de satisfacer expectativas externas e internas, los favorecedores son independientes y confiables, y tienen un alto grado de dominio de sí. Si te dicen que van a hacer algo, lo harán.

Tan es así que en ocasiones los demás se "cuelgan" de la responsabilidad de los favorecedores. Uno de ellos me escribió:

Me preguntaba por qué cada vez que iniciaba una dieta, un régimen de ejercicios o un pasatiempo atraía acompañantes, hasta que me percaté de que les servía de apoyo: "Llámame cuando salgas a dar una vuelta en bici, para que nos veamos en el parque". Ahora comprendo que querían aprovechar mi fuerza de voluntad, porque necesitaban un compromiso conmigo para cumplir el suyo.

A pesar de que en ocasiones resulta gratificante ayudar a otros a que cumplan sus expectativas, en mi caso preferiría que no dependieran de mí para alcanzar sus fines.

Para los favorecedores, satisfacer expectativas externas e internas no los hace sentir atrapados sino creativos y libres, porque pueden llevar a cabo todos los planes que quieran. Cuando decidí que escribiría un libro en el verano o que dejaría el azúcar, lo hice, aun si eso no le importaba a nadie más. Esta certeza en mí me otorga una profunda sensación de libertad, capacidad y control.

Sin embargo, no quiero causar la impresión de que los favorecedores nunca nos resistimos a cumplir expectativas; lo hacemos. Yo tengo que hacer un gran esfuerzo para mantener buenos hábitos como ir al gimnasio, hacer llamadas telefónicas o realizar diligencias; a veces pospongo mis deberes o me equivoco. Pero casi siempre, satisfacer expectativas es más fácil para los favorecedores que para las demás tendencias.

Además de respetar las reglas externas e internas, también es común que los favorecedores busquen las reglas más allá de las reglas, como en el ámbito de la ética o moral. Por ejemplo, una de las favorecedoras más famosas es Hermione Granger, de la serie de Harry Potter, escrita por J. K. Rowling. Ella no se atrasa jamás en sus tareas, les recuerda sin cesar a Harry y a Ron los preceptos del mundo mágico y se angustia cuando alguien se pasa de la raya. No obstante, cuando cree que las expectativas convencionales son injustas, se lanza contra ellas —ve las reglas más allá de las reglas—, aun de cara a la indiferencia o franca reprobación de los demás. Promueve un mejor trato a los elfos, deja la escuela y se opone al Ministerio de la Magia para combatir al malvado Voldemort. Cumple cabalmente las reglas y leyes de la sociedad hasta que entran en conflicto con su noción de la justicia, momento en el cual las rechaza (a mí me encantan los libros de Harry Potter, debido en parte a que me gusta ver a una favorecedora hacerse valer en una forma tan admirable. Me pregunto si a los demás les pasará lo mismo; ¿nos atraen las descripciones de otros individuos de nuestra tendencia?).

Como cumplen con facilidad las expectativas externas e internas, es raro que los favorecedores se enojen o agoten y no dependen de nadie para ser motivados o supervisados. Pese a que su disciplina puede hacerlos parecer rígidos, se sienten libres, eficaces e independientes.

Debilidades (y fortalezas)

Igual que en las demás tendencias, las fortalezas de los favorecedores pueden convertirse en debilidades.

El favorecedor puede ser un audaz defensor de la justicia, un juez implacable que impone ciegamente la ley, el niño chismoso del salón que reporta la menor infracción de sus compañeros o el jefe que rechaza un informe porque se le entregó una hora tarde.

Dada su afinidad con el cumplimiento de expectativas, los favorecedores podrían sentirse obligados a seguir las reglas cuando lo razonable sería ignorarlas. Aunque yo no tengo ningún reparo en usar un baño unisex, me es imposible entrar a uno que diga HOMBRES, incluso si es para una sola persona. Una amiga favorecedora me contó: "Cuando íbamos camino al hospital para que yo diera a luz, le pedí a mi esposo que no rebasara el límite de velocidad, y cuando llegamos insistí en que se estacionara en el lugar correcto, pese a que en menos de veinte minutos yo ya estuviera pariendo".

En ocasiones los favorecedores se impacientan —o incluso se muestran arrogantes— cuando la gente rechaza expectativas, no puede imponérselas a sí misma o las cuestiona. Una lectora complaciente me escribió: "Una vez le comenté a una compañera que no puedo tomar vitaminas, porque me cuesta trabajo apegarme a esa práctica sin responsabilidad externa, y ella me dijo: 'Madura'". Sí, eso diría un favorecedor; uno *poco amable*, pero favorecedor al fin.

Como favorecedora, a mí no me basta con que otros cumplan expectativas; también es preciso que *quieran* cumplirlas. Me gusta tachar elementos de una lista de pendientes, cumplir fechas límite que me imponga y seguir instrucciones, así que durante mucho tiempo me desconcertó que no todos sintieran lo mismo. Ahora sé que mi deseo de no ser exigente me vuelve más rígida todavía.

Los favorecedores pueden incomodarse y censurar a los demás si adoptan un comportamiento indebido, por insignificante que sea. Yo me pongo tensa si alguien me susurra algo en una reunión. De igual manera, mi tendencia puede hacer relucir mi carácter fuerte; no es mi intención mostrarme grosera o agresiva, pero llegar tarde o no seguir las instrucciones me preocupa tanto que puedo olvidarme de la cortesía.

A los favorecedores se les dificulta delegar, porque dudan de la aptitud de otros para llevar a cabo algo. "Estoy casado con una favorecedora", me escribió un lector. "Todos los

domingos, ella hace listas de pendientes para cada día de la semana, cuyo cumplimiento verifica a diario. Se ocupa de nuestros hijos, nietos, padres, hermana, etcétera. Una de sus frases
más comunes es: '¿Por qué nadie en esta familia puede hacer
lo que le corresponde?'"

No obstante —sorprendentemente—, los favorecedores
suelen no exigir a los demás que asuman sus responsabilidades, aun si éstos les *piden* que lo hagan. Como ellos no necesitan mucha responsabilidad externa, no son solidarios con
quienes la requieren. De igual forma, como sienten la presión
de la responsabilidad externa, no les gusta imponer esa carga
a otros. Yo soy muy reacia —a veces demasiado— a exhortar
a la gente, incluidos mis hijos. A mis hijas debería recordarles
que tiendan su cama, respeten los modales en la mesa y lean
más, pero prefiero no tener que recordárselos, comprobar si
lo hicieron y, si no, reiterárselos.

A los favorecedores pueden inquietarles los cambios de
rutinas, hábitos u horarios. Jamie, mi esposo, y yo fuimos hace
poco a una boda en Boston y la invitación decía: "El autobús
del hotel a la iglesia saldrá a las seis de la tarde". En el desayu-
no, la madre de la novia nos dijo: "En realidad saldrá al cuarto para las seis". "En la invitación dice que a las seis", repuse.
"Sí, pero saldrá quince minutos antes, para evitar el tráfico."
Cuando nos marchamos le dije a Jamie: "¿Cómo es posible que
hagan eso? ¡La invitación dice que a las seis!".

Como él es cuestionador, ese cambio no le afectó tanto
como a mí.

Las costumbres del favorecedor pueden parecerles exce-
sivas a los demás. Conozco a un favorecedor que en su cartera
lleva tarjetas de varios colores: una verde para la lista de pendientes del día, otra rosa con la lista de la semana, una amarilla para los asuntos de trabajo y una blanca para sus asuntos

personales. "Cuando la gente ve este sistema, piensa que soy un psicótico", admitió él (seguramente usar tarjetas ya es una señal de que el implicado es un favorecedor).

A otros, el compromiso del favorecedor con las expectativas internas y externas podría parecerles frío e inflexible en ocasiones. Una lectora me escribió:

> He descubierto que muchos favorecedores son muy estrictos y se aferran a sus expectativas, aunque lo sensato sería tomar en cuenta a quienes deben hacer un ajuste inesperado. Por ejemplo, un favorecedor dice: "Ya hicimos planes para salir en nuestro coche a tal hora, así que no podemos pasar a recoger a nadie". Muchas de mis amigas son madres trabajadoras y las complacientes son siempre las más flexibles y creativas para hacer malabares con sus horarios y sus hijos, mientras que las favorecedoras suelen transmitir el mensaje de que "Todo está previsto y a estas alturas no podemos cambiar nuestros planes para ayudar a alguien". Son confiables y predecibles, pero en muchas situaciones es mejor ser adaptable.

Muy cierto; a los favorecedores se nos dificulta cambiar nuestros planes a última hora, en especial si pensamos: "¿Por qué no previste ayer que estarías en este aprieto para llevar a tus hijos a la escuela?".

Aunque a mí me gusta mucho ser favorecedora, percibo el lado oscuro de esta tendencia. Soy muy buena (a veces en exceso) para convencerme de hacer cosas que no quiero; puedo dedicarles algo de tiempo y energía con sólo pensar que "debo" hacerlas, sin cuestionarlas demasiado.

De todos modos, me encanta ser una favorecedora.

Variaciones de la tendencia

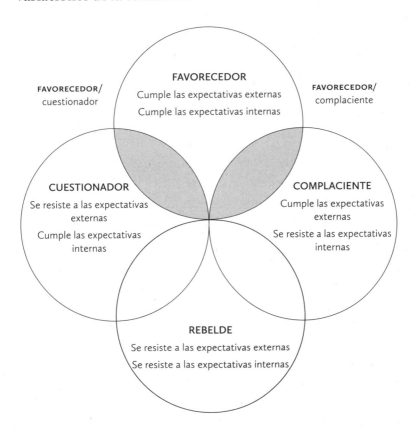

Igual que todas las tendencias, los favorecedores son sumamente diversos. Su personalidad difiere de muchas formas: un favorecedor podría ser muy ambicioso, inteligente, ansioso, sociable, volátil, cariñoso o creativo, en combinación con las cualidades propias de su categoría.

Además, cada tendencia se vincula con otras dos, y una persona de una tendencia particular suele "inclinarse" hacia una de ellas. El favorecedor puede vincularse con el cuestionador (ambos cumplen expectativas internas) o con el complaciente (ambos cumplen expectativas externas).

A los FAVORECEDORES/cuestionadores se les facilita poner en duda las expectativas externas y podrían considerar rechazarlas: "Mi jefe dice que debo ir a ese viaje, pero ¿de verdad es necesario?". También ponen en duda el valor de una expectativa interna. Yo tuve una vez un monólogo interior sobre una expectativa interna: "Llevo varios meses meditando todas las mañanas y todavía no veo ningún beneficio; ¿debería abandonar este hábito?". Y me contesté: "Sí, es momento de hacerlo" (aunque nótese que, como buena favorecedora, ya me había apegado a él varios meses).

Los FAVORECEDORES/cuestionadores están dispuestos a rechazar las expectativas sociales. Y si surge un conflicto entre expectativas externas e internas, concederán más peso a estas últimas, como lo hacen los cuestionadores. "Todos haremos nuestras presentaciones el día de mañana y mi compañero quiere que revise la suya, pero necesito dedicar tiempo a la mía; así que le diré que no puedo".

Por su parte, los FAVORECEDORES/complacientes tienden a responder a las expectativas externas. Para ellos es más pesada la carga de éstas, que prevalecerán sobre las internas si surge un conflicto. Esta clase de favorecedores tienen problemas para fijar límites, y en un caso extremo eso podría provocar la rebelión del complaciente. Si bien es común que alcancen con facilidad sus metas internas y externas, de vez en cuando "estallan" por no haber descansado lo suficiente (un error que la mayoría de los favorecedores no cometería) y se niegan enérgicamente a satisfacer una expectativa.

En una fiesta yo sostuve una larga conversación con una amiga novelista acerca de si ella era favorecedora o complaciente. Como no dimos esa noche con la respuesta, a la mañana siguiente me escribió:

Consumo cosas que no son de mi agrado, soporto eventos que representan una tortura para mí y no contrarío a la gente aun si su conducta raya en el insulto, pero también soy muy disciplinada para escribir, hacer mis ejercicios y leer, y consigo muchas cosas *siempre* que mis actividades no se crucen con el camino de nadie. Logro todo esto gracias a que paso mucho tiempo sola, desconectada y sin responsabilidad sobre nadie. Como me conozco, he erigido un fuerte mecanismo de protección: recurro a una guardería de tiempo completo y un espacio de trabajo lejos de casa.

Con base en esta descripción, yo la clasifiqué como una muy considerada FAVORECEDORA/complaciente; ella es capaz de satisfacer expectativas internas sin responsabilidad externa, aunque sólo cuando éstas no interfieren con las externas. A pesar de que los FAVORECEDORES/complacientes se comprometen por igual con las expectativas internas y externas, les es muy difícil ignorar la fuerza de estas últimas, así que deben expresar sus expectativas internas y crear límites para protegerlas de la interferencia exterior.

Algunos favorecedores explican su determinación para cumplir sus expectativas internas con el argumento de que, para poder cumplir las ajenas, deben consolidarse a sí mismos. Cuando se le pidió un lema para esta tendencia, un favorecedor sugirió: "Si quiero ayudar a otros, primero debo ayudarme yo". Ésta es la visión del FAVORECEDOR/complaciente. Como FAVORECEDORA/cuestionadora, yo no siento necesidad de justificarme; cumplo mis expectativas internas porque son importantes para mí.

¿Por qué los favorecedores poseen un instinto de autopreservación?

Dado que cumplen expectativas externas e internas, podría pensarse que, entre las cuatro tendencias, los favorecedores son los más agobiados por el peso de las expectativas, pero no es así; los más agobiados son los complacientes. Pese a que favorecedores y complacientes cumplen por igual las expectativas externas, los primeros satisfacen también las suyas, lo que los protege del enfado y agotamiento que suelen aquejar a los segundos.

Aunque podría parecer paradójico, la mayoría de los favorecedores son buenos para cuidarse y divertirse. Por ejemplo, un estudio sobre actualizaciones de estado en Facebook indicó que las personas con un alto puntaje en "escrupulosidad" (capacidad para planear y hacer cosas) escribían mucho sobre su descanso y disfrute del tiempo libre; usaban con frecuencia palabras como "fin de semana" y "relajamiento".[1]

Esto se debe a que los favorecedores reservan tiempo para el ocio; "holgazanear" es uno de los elementos de su lista de pendientes. Un oyente de mis podcasts comentó:

> Durante el año que mi esposa dedicó a hacer su tesis, se levantaba a las cinco de la mañana todos los días, se ponía a trabajar y a las cuatro de la tarde ya estaba lista para ir al gimnasio y terminar su jornada; no había ningún drama en eso. Le gusta tanto divertirse que su tendencia como favorecedora parece demasiado cómoda.

Los favorecedores también son buenos para ignorar las expectativas ajenas para satisfacer las propias y protegerse. Una noche asistí a una cena en casa de un amigo favorecedor, quien en determinado momento se levantó y dijo: "¡Fuera todos! Tengo que acostarme". En el elevador, otro amigo exclamó: "¡Es increíble que nos haya echado! ¿No crees que fue una descortesía?". Quizá lo haya sido, pero para mí —también favorecedora— fue algo perfectamente razonable.

Los favorecedores desean tener un alto nivel de dominio y rendimiento, y por eso les gusta tanto apegarse a sus hábitos. Valoran la entereza, así que procuran dormir lo suficiente, hacer ejercicio, divertirse, tener gasolina en el coche, etcétera. En la muestra representativa, ellos tenían muchas probabilidades de decir: "Soy bueno para apegarme a mis hábitos, aunque no le importen a nadie".

La gente suele aconsejarles: "No seas tan severo contigo mismo", "No es sano que seas tan inflexible" o "Nadie presta atención a esa regla", pero a ellos les satisface enormemente cumplir expectativas externas e internas. A otros, en especial a los rebeldes, en ocasiones les cuesta trabajo entender esa sensación. Una vez hablé sobre este tema con una amiga rebelde. "Para mí la disciplina genera libertad", expliqué. "Pero disciplina significa límites. ¿Quién quiere seguir reglas?", replicó ella. "Yo me pongo límites para darme libertad." Ella sacudió la cabeza: "¡Eso es absurdo! Libertad significa total ausencia de límites. Yo quiero hacer lo que me plazca".

Nos miramos y reímos; ninguna de las dos convencería a la otra, eso era seguro.

En ese mismo sentido, he notado que cuando personas de las demás tendencias quieren reconfortarse o darse un gusto, frecuentemente se excusan de cumplir una expectativa. Quizá piensan: "Después de un día tan difícil como hoy, faltaré a mi clase de crossfit". Como favorecedora, sin embargo, yo he descubierto que liberarme de un deber suele hacer que me sienta *peor*.

Tal vez el énfasis del favorecedor en la autodeterminación explique un interesante resultado que hallé en mi muestra representativa. Con una proporción de veinticuatro por ciento, los favorecedores fueron los menos proclives a aprobar el enunciado "He luchado contra alguna adicción". Las otras tres tendencias obtuvieron porcentajes muy similares entre sí (de 34, 32 y 32), lo que lleva a suponer que los favorecedores poseen, por naturaleza, algo específico que los protege.

De hecho, su compromiso con las expectativas puede concederles en ocasiones una apariencia de *frialdad*. Son implacables; harán lo que tengan que hacer, pese a que eso signifique incomodar a otros o no encajar.

Mi complaciente hermana Elizabeth y yo tenemos un podcast semanal, *Happier with Gretchen Rubin*, y dedicamos los episodios 35, 36, 37 y 38 a las cuatro tendencias. Cuando hablamos de los favorecedores, ella señaló: "Como soy tu hermana, lógicamente he tenido mucho tiempo para ver las fortalezas y debilidades de una favorecedora".

Contó entonces que hace años planeamos un viaje con nuestras respectivas familias. De última hora, Jamie y mi hija mayor, Eliza, no pudieron ir; pero mi otra hija, Eleanor, y yo nos reunimos con Elizabeth, su esposo, Adam, y su hijo, Jack, en un hotel en Los Ángeles.

"Aunque estábamos en el huso horario de la Costa Oeste", recordó Elizabeth, "tú decidiste que Eleanor y tú mantendrían el horario de la Costa Este, y cenaban a las cuatro y media de la tarde y se acostaban a las siete y media; mientras Adam, Jack y yo nos divertíamos de las siete a la medianoche. A mi parecer, de esa manera ustedes se perdieron de mucha diversión y relajamiento."

Eso es cierto. Aunque entendí sus motivos, la verdad es que durante esas vacaciones pensé en el tormento de permanecer despierta durante la cena y readaptarme al volver a casa… así que decidí que no valía la pena.

Días después de que se transmitió ese episodio, me encantó la reacción de una escucha que reprobó mi actitud, sospecho que era una complaciente. No dijo que mi conducta redujo *mi* diversión —como señaló Elizabeth—, sino que afectó a *los demás*. Escribió:

Pensaste que era correcto mantener el horario de la Costa Este; pero al apegarte a tu horario sin ceder, porque eres una favorecedora, arruinaste las vacaciones de los demás. Esto fue una muestra de inconsciencia de tu parte. En lugar de compartir ese momento con Elizabeth y su familia, quienes reservaron tiempo para estar contigo y tu hija, impusiste tu horario.

Yo contesté:

Elizabeth y su familia reservaron tiempo para estar con nosotras ¡y es cierto! De la misma forma, nosotras reservamos tiempo para estar con ellos. De hecho, volamos de Nueva York a Los Ángeles, lo cual no es menor, para que ellos pudieran estar cerca de su casa. ¿No habría sido igual de razonable que durante dos días mi hermana y su familia se hubieran apegado a nuestro horario? ¿Que hubieran desayunado y cenado a la misma hora que nosotras? A mi juicio, no se trata de saber quién tuvo la "razón", sino de reconocer que todos partimos de perspectivas diferentes.

De hecho, y aunque parezca cruel admitirlo, como favorecedora suelo desear que quienes me rodean cuiden de sí mismos igual que yo cuido de mí, para que no tenga que preocuparme por su comodidad o confort. Comprendí completamente al novio de la chica complaciente que me escribió: "Mi novio es favorecedor y cree que exagero en mi afán de agradarle; en lugar de hacer lo que quiero. Frecuentemente prefiero saber qué desea *él* y decido hacer eso. Por más que piense que cualquiera se sentiría halagado por ello, él desearía que yo haga lo que quiero".

A pesar de que los favorecedores obtienen gran satisfacción de sus hábitos y rutinas, para quien los mira desde fuera su disciplinado método podría hacerlos parecer aguafiestas. Sospecho que los favorecedores que se desenvuelven en la industria del entretenimiento y las artes tienen que esforzarse en ocasiones en ocultar su tendencia y mostrarse más desenfrenados y hedonistas de lo que son. Ser un favorecedor no es una cualidad muy glamorosa, emocionante ni atractiva; no contribuye a una biografía seductora ni sirve para hacer lemas publicitarios. En su exitosa canción "Shake It Off", Taylor Swift afirma que parrandea demasiado y sale con muchos hombres, pero ¿será *cierto* que parrandea tanto? Yo lo dudo. Casi podría asegurar que es una favorecedora.

Cómo pueden los favorecedores controlar su rigidez

Aunque por lo general exhiben un marcado instinto de preservación, a veces los favorecedores desembocan por naturaleza en el patrón de la rigidez.

Cuando individuos de las otras tres tendencias tratan de cumplir expectativas, suelen empezar con firmeza y aflojar el paso más tarde; buscan resquicios, persiguen excepciones, se vuelven menos concienzudos. A mí me pasa lo mismo con algunos hábitos, pero los favorecedores podemos tener la experiencia inversa: una especie de *inflexibilidad*. Nos cuesta trabajo hacer una excepción, tomar un descanso, relajarnos. Esto puede ser bueno, pero también malo.

A una amiga favorecedora le dolían mucho los músculos y la convencí de que fuera al gimnasio para fortalecerse. Pese a que ella ya hacía ejercicio con regularidad, pensé que el régimen específico de mi gimnasio le ayudaría. Fue allá, remedió su dolor y quiso dejar de ir, porque la ubicación del gimnasio no le acomodaba en absoluto; pero aunque dijo que se ausentaría, no podía hacerlo; su naturaleza de favorecedora se había consolidado y no iba a ceder. Otra integrante de esta tendencia me contó, con fingida desesperación: "Por no dejar de aumentar a diario mis pasos que contabilizaba con Fitbit, terminé por trotar literalmente junto a mi cama para alcanzar mis metas". Esto es rigidez.

La rigidez puede presentarse en cualquier contexto; una favorecedora la experimentó en el trabajo. "Durante un periodo especialmente intenso en la oficina, comencé a llegar a las siete de la mañana (nuestra hora de entrada es a las nueve). Aunque la emergencia ya pasó, sigo llegando a esa hora. Por lo general me agrada, pero también me gustaría la flexibilidad de sentirme bien aun si llegara más tarde por haberme quedado a desayunar con mi esposo, por ejemplo".

¿Qué pueden hacer los favorecedores para combatir la problemática rigidez? Mantenerse alerta conforme aparece y, en su momento, considerar si la expectativa merece cumplirse. Pueden recordar que, llegado cierto punto, seguir expectativas cada vez más estrictas socava el rendimiento y el dominio de sí mismos. Y como de costumbre, deben empeñarse en expresar sus expectativas internas.

Uno de mis autores favoritos, el ensayista y lexicógrafo del siglo xviii Samuel Johnson, observó: "Toda severidad que

no tiende a incrementar el bien o a prevenir el mal, es ocio-
sa". He ahí un recordatorio importante para los individuos de
esta tendencia.

Por qué los favorecedores deben expresar sus expectativas internas

Pese a que es un hecho que son capaces de rechazar las expectativas externas para cumplir las internas, los favorecedores
no siempre tienen una clara noción de lo que esperan de ellos
mismos. *Para que sea posible satisfacerla, una expectativa interna tiene que expresarse con claridad.* En consecuencia, los favorecedores deben cuidar de definir lo que quieren y valoran
para sí mismos; esta claridad es esencial.

Lo sé por experiencia. Cuando terminé la preparatoria,
no sabía qué carrera seguir. Supuse que en la escuela de leyes obtendría una educación excelente, la cual me prepararía
para diversas carreras por si más adelante cambiaba de opinión, de modo que entré a la escuela de leyes.

La carrera de derecho es muy atractiva para los favorecedores: ingresar y triunfar en ella está sujeto a precisos requeri-
mientos y su propósito es comprender y seguir las reglas. Yo
cubrí esas expectativas externas, y lo hice muy bien: fui jefa
de redacción de la revista de leyes de Yale, gané un premio por
mis artículos y conseguí un empleo en el despacho de la ma-
gistrada Sandra Day O'Connor. Sin embargo, ahí me di cuenta de que quería ser escritora.

Una vez que esta expectativa interior se externó, no tuve
ningún problema para abandonar mi carrera jurídica y volver
a empezar de cero, sin fechas límite ni responsabilidad impuestas. "¿Cómo lo lograste?", me preguntan. "¿Cómo tuviste

la disciplina necesaria para escribir una propuesta, trabajar en un libro y conseguir un agente por ti misma?" En cuanto oí con claridad la voz de mi expectativa interna, no me fue difícil hacer nada de eso. *Pero tardé mucho tiempo en oír esa voz.*

RESUMEN: FAVORECEDOR

PROBABLES FORTALEZAS

Con iniciativa propia

Dotado de motivación personal

Concienzudo

Confiable

Empeñoso

Se apega a un programa

Ansía comprender y cumplir expectativas

POSIBLES DEBILIDADES

Defensivo

Rígido

Suele oponerse si los planes o programas cambian

Puede parecer tieso y forzado

Le incomoda que las reglas sean ambiguas o indefinidas

Le impacienta que otros necesiten recordatorios, fechas
límite, supervisión o explicaciones

Demasiado exigente

Puede obstinarse en obedecer reglas que no existen

4. El trato con un favorecedor

"Hazlo y ya"

Trabajo • Cónyuge • Hijos • Paciente • Elección de carrera

El trato con un favorecedor en el trabajo

Los favorecedores pueden ser excelentes colegas: tienen iniciativa, se interesan mucho en el rendimiento, no necesitan supervisión y son buenos para reconocer sus límites.

Para los demás es también muy estimulante trabajar con personas que hacen lo que prometen; la gente sabe que un favorecedor hará lo que dice. Si un jefe le pregunta: "¿Podrías examinar esto cuando puedas y decirme qué encuentras?", es probable que semanas después reciba un informe completo sin necesidad de volver a mencionar dicha tarea.

Los favorecedores son buenos jefes porque fijan expectativas claras y son muy disciplinados. Un jefe de esta clase deja en claro lo que se espera de un puesto particular, es justo al momento de hacer cumplir las reglas y programas y tiene una visión de largo plazo en procesos extensos: no hará cambios repentinos en metas, métodos o fechas límite.

A los favorecedores les va bien como emprendedores y trabajadores por su cuenta, o en cualquier actividad que implique un esfuerzo extra porque tienen motivación propia; identifican lo que debe hacerse y lo ejecutan, incluso en ausencia de un cliente, colega o un jefe al que rendirle cuentas. Cuando yo analicé los resultados de mi encuesta representativa, descubrí con interés que los ingresos más altos suelen corresponder a los favorecedores (y los más bajos a los rebeldes).

No obstante, los favorecedores se impacientan con quienes se resisten a cumplir expectativas. Un jefe favorecedor podría resistirse a contestar las preguntas de un cuestionador diciendo: "Recibimos un memorándum del corporativo con la nueva fecha límite, y estoy seguro de que hubo una buena razón para cambiarla; dejemos de discutir y pongámonos a trabajar". O bien, podría negarse a establecer los sistemas de responsabilidad que los complacientes necesitan —como fijar fechas límite o imponer días de vacaciones—, por no considerarlos indispensables. Trabajar con empleados rebeldes será para ambas partes un verdadero desafío.

A los favorecedores les exasperan quienes no son capaces de satisfacer expectativas. Uno de ellos explicó:

> Soy un médico favorecedor en una subespecialidad muy agitada y mis colegas son cuestionadores y rebeldes. Tienden a establecer reglas poco realistas en nuestra práctica, y como favorecedor me estreso mucho cuando esas reglas se relajan o infringen. Frecuentemente soy el único que las sigue o, peor todavía, se me coloca en la incómoda posición de verificar que los demás cumplan las expectativas que dicen tener. En adelante abogaré revisar, caso por caso, en lugar de fijar reglas.

Algunos favorecedores tienen problemas para delegar, porque suponen que otros no harán el trabajo o lo harán mal.

Los favorecedores se aferran en ocasiones a rutinas y programas, lo que les impide ignorar las reglas, incluso si son absurdas, y reconocer el momento de hacer cambios. Se les dificulta abandonar una expectativa inútil o hacer una pausa. Como también tienen complicaciones para responder a cambios imprevistos, quienes los rodean deben procurar avisarles con anticipación de cualquier cambio o nueva tarea.

A quienes dirigen a favorecedores conviene recordarles que, dado que éstos detestan incumplir una expectativa, les cuesta trabajo priorizar: todas las expectativas parecen igualmente importantes. Para contrarrestar esto, un jefe o colega debe dejar en claro las prioridades: "Por lo común necesito ese informe cada viernes, pero cuando hay que preparar el informe anual, el semanal puede aplazarse; el anual es más relevante".

Como desea satisfacer por igual las expectativas internas y externas, un favorecedor podría resistirse a ayudar a otros si eso implica dejar de lado sus obligaciones.

A los favorecedores les molesta mucho, a veces demasiado, cometer errores o incumplir compromisos. Una amiga mía favorecedora es editora en un periódico importante. "No soporto detectar errores en una nota en la que trabajé", me dijo; "otros lo toman con calma, pero yo me siento fatal." Un comentario como "No pasará nada" o "Nadie lo notó" es menos útil para una persona así que "Hiciste tu mejor esfuerzo, no se puede hacer más". Como odian equivocarse, los favorecedores pueden ser muy hostiles o ponerse a la defensiva cuando se les dice que cometieron un error.

Puesto que les gusta satisfacer expectativas, podrían negarse a enfrentar un nuevo desafío si temen que no lo lograrán. Esto en ocasiones es útil porque quiere decir que son buenos para fijar límites, pero a veces no lo es, cuando no se retan a sí mismos por temor a no "hacerlo bien".

El trato con un cónyuge favorecedor

Los favorecedores —y los individuos de las otras tendencias—
no pueden activar y desactivar su personalidad. Pese a que en
muchos sentidos es fabuloso estar casado con una persona favorecedora, es probable que ésta quiera trabajar durante las
vacaciones o practicar el violín, pese a que haya invitados en
casa el fin de semana.

Cuando conocemos la tendencia de un individuo podemos comprender su perspectiva. Una amiga favorecedora me
explicó la forma en que las tendencias le ayudan a no pelear
con su esposo. "Una vez tomamos el tren para visitar a mis padres. Nuestro hijo cumplió doce años el día anterior, así que su
boleto costaba ya 8.50 dólares, no 75 centavos, y pensé: 'Si no
pagamos el boleto completo, mi fin de semana será un desas-
tre'." "Cierto", asentí. "Pero mi esposo es un cuestionador y me
dijo que no era para tanto: 'Eso es arbitrario, él se pasa sólo por
un día; es correcto que paguemos el boleto más económico'."

"Eso tiene sentido desde su punto de vista", reconocí. "Y
un rebelde supondría: 'Nadie puede obligarme a pagar'."

El conocimiento fomenta la tolerancia.

A los favorecedores les disgustan los cambios de planes
y la espontaneidad. En mi matrimonio, Jamie se niega a contestar mis preguntas, lo que creo que se debe en parte a su naturaleza de cuestionador y en parte también a su deseo de no
crear expectativas específicas en mí, su favorecedora esposa.
Si me propone que salgamos a una fiesta a las siete de la noche, pero después decide que deberíamos salir a las siete y
cuarto, yo podría resistirme a ese cambio. Si no me dice nada
hasta el último momento, evita ese posible conflicto.

Algunos favorecedores se sienten presionados a cumplir
una expectativa aun si es ilógica en una circunstancia particu-

lar, lo que podría irritar a su pareja. Para impedir una discusión innecesaria, el cónyuge haría bien en reconocer los valores de su pareja favorecedora. Podría explicar: "El letrero dice 'Sólo personal autorizado', pero creo que en este caso se nos puede considerar como 'personal autorizado'" o "Aunque el formulario dice que debe entregarse a más tardar el 1 de junio, esta compañía quiere nuestro dinero y el plazo real vence en septiembre, así que creo que está bien que lo mandemos el 15 de junio".

La pareja de un favorecedor debe evitar sugerir una expectativa, porque éste podría aceptarla, pese a que no sea una buena idea. Una ocurrencia de su pareja: "Deberías postularte a la dirección de la asociación de vecinos", "Serías un magnífico presidente del comité de la iglesia" o "Deberías reorganizar a tus empleados en una estructura más efectiva" podría obsesionar al favorecedor.

La pareja de un favorecedor puede ayudarle si le recuerda sus expectativas internas con frases como "No estás obligado a hacerlo", "¿Eso es importante para ti?" o "Hiciste lo que pudiste, cometiste un error, esas cosas suceden".

A los favorecedores les impacienta que su cónyuge no cumpla las expectativas de inmediato. Los cuestionadores casados con personas favorecedoras quizá deban recordarles que necesitan razones; los complacientes, que necesitan responsabilidad, y los rebeldes que necesitan libertad para decidir.

El trato con un hijo favorecedor

En la mayoría de los casos, los padres de favorecedores no enfrentan dificultades. A esta clase de hijos les gusta comprender y cumplir expectativas y tienen motivación propia. Los padres no libran muchas batallas en torno a las tareas escolares ni tienen que recordarles que deben dar de comer a los peces. Un hijo favorecedor practicará el piano sin necesidad de muchos recordatorios, guardará a tiempo su uniforme de futbol completo en su mochila y seguirá atentamente el calendario escolar.

A pesar de que a los padres les agrada este aspecto de un favorecedor, quizá les exaspera que su hijo no pueda desactivar su tendencia. De vez en cuando les gustaría que se relajara o se olvidara de las expectativas, lo cual es poco probable que ocurra; un chico de este tipo podría volverse loco si antes de acostarse no hace sus treinta minutos de lectura obligatoria o si llega a la escuela cinco minutos tarde.

Igual que en todas las tendencias, los argumentos son más efectivos cuando abordan los valores de la categoría implicada. Un padre podría explicar: "Tu maestra espera que leas treinta minutos cada noche, pero como fuimos a visitar a tu abuela, cuando lleguemos a casa será hora de que te acuestes. Si duermes bien, mañana estarás alerta en la escuela y eso es más importante que el hecho de que leas esta noche" o "Tu maestra sabe que a veces los niños no pueden hacer una tarea, por razones que no son culpa suya, y que eso está bien". Estos argumentos funcionarán mejor que otros, como "Mereces descansar", "La maestra no va a enterarse de que te saltaste un día", "Ella no es tu jefa" o "Leer treinta minutos diarios es una meta arbitraria", los cuales son mucho menos persuasivos para un favorecedor.

A los niños favorecedores también se les dificulta hacer un repentino cambio de horario, dejar sin terminar una tarea —porque es momento de pasar a otra cosa— o resolver situaciones en las que las expectativas no son claras.

Si bien para la mayoría de los padres es muy fácil tratar con un niño favorecedor, la relación padre-hijo entre un favorecedor y un rebelde suele ser difícil de manejar para ambas partes.

Lo mismo que la pareja de un favorecedor, los padres de hijos favorecedores deben abstenerse de insinuar accidentalmente una expectativa o sugerir reglas innecesarias. A un favorecedor le es fácil aferrarse a una expectativa y dedicar mucho tiempo a intentar estar a la altura, aun si se trata de algo que no desea hacer y ni siquiera es una buena idea. Un comentario casual como "Deberías entrar al concurso de ortografía" sin querer podría desatar una vasta reacción en cadena.

Los adultos que rodean a un chico favorecedor deben ayudarle a expresar sus expectativas internas para que pueda satisfacerlas igual que las externas.

El trato con un paciente favorecedor

Para los médicos y otros prestadores de servicios de salud, los favorecedores son pacientes fáciles: siguen fielmente las indicaciones, toman sus pastillas según lo convenido y son rigurosos en su terapia física.

Así, en la muestra representativa que estudié no me sorprendió ver que los favorecedores —que en este rubro alcanzaron setenta por ciento— fueron los más proclives a reprobar el enunciado "Mi médico me ha explicado que es importante que haga cierto cambio en mi vida, pero no lo he hecho".

La verdad es que los favorecedores podrían tener el problema contrario: estar demasiado dispuestos a seguir las instrucciones de un médico sin hacer suficientes preguntas. Cuando yo tenía veinte años, un ortodoncista me dijo con tono informal: "Tu mandíbula debe desprenderse y reacomodarse; ahora no tienes síntomas ni dolor, pero cuando tengas

treinta años el dolor será crónico". Logré cuestionar esa recomendación, aunque a costa de un gran esfuerzo (a propósito,
no he tenido aún problemas de mandíbula).

Los profesionales de la salud deberían recordar que los
favorecedores tienden a cumplir fielmente toda clase de expectativas e incluso pueden experimentar rigidez, de modo
que no es muy útil que ellos exageren sus prescripciones para
lograr aceptación. Al mismo tiempo, el instinto de preservación ayuda a los favorecedores a alzar la voz si las expectativas
se vuelven demasiado agobiantes. Cuando yo cambié de entrenador en el gimnasio, no tuve impedimento en decirle al
anterior: "No aguanto tu rutina de pesas; quiero que me cues-
te trabajo levantarlas, pero no tanto".

Elección de carrera como favorecedor

Reflexionar en la tendencia y la carrera no es mera cuestión
de afirmar: "Los favorecedores deberían ser gerentes banca-
rios o policías de tránsito, porque todo el día harían cumplir
la ley". Casi cualquier trabajo puede efectuarse a la manera de
cada tendencia, aunque es verdad que ciertas circunstancias
tienden a favorecer —o no— a tendencias distintas.

A los favorecedores les van bien los roles que requieren
personas con iniciativa, como los de poner un negocio, ofrecer consultoría individual o trabajar por cuenta propia, porque una vez que deciden alcanzar un objetivo, lo persiguen sin
necesidad de supervisión ni rendición de cuentas. Poseen una
capacidad enorme para obligarse a hacer cosas que no les gustan, lo cual es invaluable para quienes trabajan por su cuenta
y carecen de compañeros que les ayuden con los detalles o las
labores más pesadas.

Los favorecedores tienden a desarrollarse mejor en situaciones en que las reglas son claras, porque obtienen gran satisfacción de cumplir expectativas. Podrían verse en problemas en un entorno donde es importante cambiar abruptamente o adaptarse rápido a programas o expectativas cambiantes. Uno de ellos explicó: "Ser favorecedor me vuelve muy apto para comunicar reglas y vigilar que la gente las siga, pero en mi trabajo se valora mucho la flexibilidad, algo para lo que no soy bueno".

Además, suelen sentirse incómodos en donde las expectativas y las reglas no son claras o donde se espera que se aparten de las normas. ¿El jefe quiere un asesor legal que interprete las leyes de impuestos con audacia y creatividad? Que no contrate a un favorecedor.

He notado que a algunos favorecedores les atraen ocupaciones cuya misión es ayudar a la gente a aumentar su rendimiento; conozco, por ejemplo, a un favorecedor que es un entrenador de alto nivel y a varios que, como yo, escriben libros para que la gente mejore su desempeño, autocontrol o hábitos.

Pero como cumplen fácilmente las expectativas externas e internas, a los individuos con esta personalidad comúnmente les desconcierta que otros no puedan hacer lo mismo y no poder darles ningún consejo. Me escribió un favorecedor: "Soy entrenador personal. Lo bueno: soy un excelente modelo del estilo de vida físico y nutricional, que espero que mis clientes adopten, y siempre llego a tiempo. Lo no tan bueno: a veces me desalienta que los clientes no sean tan dedicados como yo quisiera".

En una cena reciente me senté junto al director general de una distinguida compañía biofarmacéutica y, como de costumbre, no resistí la tentación de describirle las cuatro tendencias, que comprendió al instante.

"Yo soy favorecedor", me dijo "y apuesto a que casi todos los directivos de empresas lo son." "¿Por qué?", pregunté. "Porque para ser director general de una compañía privada debes estar dispuesto a seguir las reglas y a cumplir grandes expectativas ajenas, y además tienes que ser autónomo, seguir tu propio rumbo y en ocasiones decirle a la gente que no."

Un amigo favorecedor, inversionista, se sumó a la plática. "Eso es cierto, y también que un complaciente es la persona ideal como segundo al mando…" "Mi segundo al mando es un complaciente, y lo hace de maravilla", interrumpió el director, "pero un buen director general debe ser capaz de decir: 'Aunque me importa lo que los demás piensan, sé lo que quiero hacer'. Ejercer esa función implica una enorme disciplina, que sólo es posible cuando coinciden las expectativas internas y externas y no hay disputas ni conflicto interior."

"No sé si estoy de acuerdo", negué con la cabeza. "Considero que individuos de las cuatro tendencias pueden ser espléndidos líderes, cada cual a su estilo." "Los cuestionadores y los rebeldes serían fantásticos fundadores e innovadores", admitió el director general, "pero se les dificultaría forjar una compañía madura. Piensa en un rebelde; como director de una empresa privada en la que está sujeto a demasiado escrutinio, incluso en cómo vistes y cómo tratas al consejo administrativo."

Pese a que todo esto me convenció en un principio, después pensé: "¿Tres favorecedores deciden que sólo ellos pueden ser buenos directores?". Me pregunté si acaso tres cuestionadores o complacientes concluirían lo mismo acerca de su tendencia. Los rebeldes… bueno, creo que hasta un rebelde admitiría la rareza de que alguien de su grupo sea un exitoso director general de una compañía privada.

RESUMEN: EL TRATO CON UN FAVORECEDOR

Satisfacen sin demora expectativas externas e internas.

Son autónomos, así que pueden cumplir fechas límite, ocuparse de proyectos y tomar la iniciativa sin mucha supervisión.

Les agrada la rutina y pueden sufrir para adaptarse a transformaciones o a cambios súbitos en programas.

Detestan cometer errores y por eso...

Pueden enfurecerse o ponerse a la defensiva si se insinúa que no hicieron algo o que lo hicieron mal.

Conceden alto valor a la ejecución.

Quizá deba recordárseles que a los demás no necesariamente les reconforta o estimula hacer cosas.

Pueden tener problemas para delegar, porque sospechan que no todos son confiables.

CUESTIONADOR

Lo haré... si tus razones me convencen

FAVORECEDOR
Cumple las expectativas externas
Cumple las expectativas internas

CUESTIONADOR
Se resiste a las expectativas externas
Cumple las expectativas internas

COMPLACIENTE
Cumple las expectativas externas
Se resiste a las expectativas internas

REBELDE
Se resiste a las expectativas externas
Se resiste a las expectativas internas

"Lo haré… si tus razones me convencen."

"DEMUÉSTRALO."

"'¿Porque tú lo dices?' ¡No me parece!"

"Jamás pierdas de vista el porqué."

"La obediencia ciega es esclavitud, ¿o no?"

"Un momento, ¿qué dijiste?"

"LA JUSTIFICACIÓN LLEVA A LA MOTIVACIÓN."

"Busca y encontrarás."

"Optimizar la vida, pese a que no queramos hacerlo."

"¿Pero por qué?"

"NO HAY MÁS RUTA QUE LA MÍA."

"¿Por qué debemos tener un lema?"

5. Descripción del cuestionador

"¿Pero por qué?"

Fortalezas (y debilidades) • Debilidades (y fortalezas) • Variaciones de la tendencia • Por qué le disgusta que lo cuestionen • Cómo pueden los cuestionadores dominar la parálisis por análisis • Pueden cumplir expectativas no justificadas si buscan justificaciones propias

En el trabajo, el hogar y la vida, todos enfrentamos expectativas tanto *externas* como *internas*. Mientras los favorecedores cumplen sin demora las expectativas externas e internas, los cuestionadores cumplen sólo las internas, las cuales incluyen a las externas que ellos han convertido en internas.

Al aceptar las expectativas internas, los cuestionadores muestran un hondo compromiso con la información, la lógica y la eficiencia. Les gusta reunir sus propios datos, decidir por sí mismos y actuar con base en una buena razón; objetan todo lo que consideran arbitrario, mal razonado, desinformado o ineficaz. Muchas personas en el mundo son cuestionadoras; únicamente quienes pertenecen a la tendencia de los complacientes cuentan con más individuos.

¿Cómo convierten los cuestionadores las expectativas externas en internas? Satisfacen una expectativa sólo si la aprueban como eficiente y razonable. Piensan, por ejemplo: "Aunque mi padre insiste en que revise el aceite, no creo que sea necesario ahora, así que lo ignoraré" o "El anuncio del fregadero de la oficina dice que debemos lavar nuestros trastes, pero lavar tazas no es usar productivamente mi tiempo; es más eficiente dejar que el personal de limpieza las lave, así que no lavaré la mía".

Por otro lado, un cuestionador cumple de buena gana una expectativa externa debidamente justificada, porque la convierte en interna. Piensa: "La maestra me explicó que acabaré más pronto mi tarea de matemáticas si memorizo las tablas de multiplicar, así que quiero hacerlo" o "Mi esposa me pidió, desde hace meses, que limpie la habitación de visitas, pero nunca la usamos; lo haré ahora que recibiremos huéspedes en un par de semanas".

Dado su interés en la justificación, los cuestionadores despiertan cada día y piensan: "¿Qué debo hacer hoy y por qué?". Deciden por sí mismos si realizar algo es una buena idea o no. Si un jefe le dice a un cuestionador que debe tener listo el informe para el viernes, éste podría cavilar: "Nadie lo leerá hasta el miércoles y es más eficiente que yo lo prepare a principios de la semana, de modo que lo terminaré hasta el miércoles". No es de sorprender que, en la muestra representativa, la del cuestionador haya sido la tendencia más proclive a aprobar el enunciado "Hago lo que a mi juicio es más razonable, incluso si esto significa ignorar las reglas o las expectativas de otros".

Una vez que aceptan las razones de una expectativa, los cuestionadores son autónomos y no precisan de mucha supervisión. En consecuencia, si un jefe quiere convencer a un cuestionador de que use un nuevo programa de facturación, un doctor desea lograr que tome un medicamento o su pareja quiere que limpie el sótano, vale la pena que todos ellos se expliquen: ¿Por qué esta tarea? ¿Por qué de ese modo? ¿Por qué ahora? Si se les convence, y este *si* es crucial, los cuestionadores harán confiablemente lo que se les pide.

El mismo proceso se aplica a la consideración de una expectativa interna: la cumplirán en cuanto se convenzan de que tiene sentido.

Supongamos que un cuestionador quiere estar otra vez en forma; deberá darse tiempo para hacer su disquisición, valorar sus opciones y convencerse de que una actividad particular es la manera más eficiente y productiva de estar sano. No importa si el médico le ordena que se ejercite, si su esposa lo fastidia o si un compañero de trabajo le dice: "Vamos al gimnasio"; tan pronto como decide que el crossfit o correr es el mejor ejercicio para él, será capaz de satisfacer su expectativa interna.

Los cuestionadores ponen todo en tela de juicio. Uno de mis ejemplos favoritos de su tendencia tuvo lugar en una conferencia, cuando pedí a los asistentes que se ubicaran en una de las cuatro tendencias y le inventaran un lema. Los cuatro grupos deliberaron y cuando llegó el turno de hablar de los cuestionadores, dijeron: "¿Por qué debemos tener un lema?". *Por supuesto.*

Fortalezas (y debilidades)

Como están totalmente interiorizados, una vez que los cuestionadores deciden actuar, lo hacen sin mayor dificultad, y también sin mayor dificultad se resisten a otras expectativas. Poseen la autonomía de los favorecedores, la confiabilidad de los complacientes y la autenticidad de los rebeldes.

Pueden poner en duda incluso las costumbres y suposiciones más elementales. "¿Quiero casarme?", "¿Sólo porque eres mi jefe tengo que hacer lo que dices?", "¿Por qué no dejar que los niños digan malas palabras igual que los adultos?".

Para ellos es crucial que una expectativa sea razonable y justificada. Se resisten a las reglas sólo por ser reglas. Una cuestionadora me escribió:

> Decido, caso por caso, qué reglas seguiré. Meto más de seis prendas al probador si nadie me lo impide, porque es muy incómodo entrar y salir cada vez. Supongo que esta regla existe no sólo para evitar robos (que yo no cometería nunca), sino también para que la fila avance, si hay mucha gente. Pero como yo sólo hago mis compras fuera de las horas más concurridas, jamás hay filas, así que no creo que esa regla tenga sentido y no la sigo.

Para un cuestionador, este razonamiento es sensato; a un rebelde podría agradarle infringir dicha regla, o al menos sentir indiferencia por ella, mientras que un favorecedor o complaciente pensaría: "¿Por qué evitas una regla que se espera que todos sigamos?".

Los cuestionadores nunca cumplen una expectativa a ciegas. Una de ellas me contó: "Cuando fui a inscribirme a la hermandad estudiantil femenina Kappa Kappa Gamma, me dijeron que tenía que jurar ser siempre 'leal y femenina'. Pensé: '¿Qué diablos significa eso?'. Me reí y deserté al día siguiente".

Puesto que requieren justificaciones sólidas para lo que hacen, los cuestionadores aportan un valor inmenso a las relaciones y organizaciones en las que participan, porque se encargan de que quienes los rodean no acepten sin pensar expectativas no justificadas. "¿Por qué celebramos reuniones de personal? ¿Por qué usamos este software? ¿Por qué invertimos tanto tiempo en buscar a ese cliente?"

De hecho, que otros estén dispuestos a actuar sin razones firmes suele intrigarles. Como lamentó uno de ellos: "Yo me pregunto por qué la gente hace algo a pesar de que no cree que sea lo correcto. ¿Qué somos, animales? Si, por otro lado, cree que algo es correcto, ¿por qué no lo hace (nótese que este comentario adopta la forma de tres preguntas)?".

Los cuestionadores quieren tomar decisiones meditadas y frecuentemente están dispuestos a hacer una indagación exhaustiva; les gusta valorar sus opciones. Así como a los favorecedores les agradan las tarjetas, he notado que el gusto por las hojas de cálculo es muy común entre los cuestionadores, quienes además tienden a mandarle a la gente gran cantidad de artículos periodísticos.

Un cuestionador me escribió:

No sé qué tema elegir para mi tesis de maestría. Este semestre tenemos la opción de hacer todos nuestros trabajos sobre nuestro tema de tesis, como preámbulo para el próximo año. Muchos compañeros han escrito durante el semestre sobre su tema; en cambio, yo he aprovechado esta oportunidad para poner a prueba un tema distinto en cada trabajo. Eso me ha impuesto un gran esfuerzo adicional, y ahora sé por qué; como cuestionador, debo saber mucho sobre un tema para que me comprometa con él.

Dado su entusiasmo por la investigación, los cuestionadores suelen ser valiosos para otras personas; les gusta compartir sus conocimientos.

En este mismo sentido, tienden a interesarse en el mejoramiento de procesos. Les agrada eliminar errores y lograr que las cosas funcionen mejor. Un amigo cuestionador me contó que disfruta mucho trabajando en la verificación de datos; otro me dijo que su pasatiempo es hacer mejoras a la interfaz de programas de computación.

Para los cuestionadores, argumentos como "Siempre lo hemos hecho así", "Ésta es la práctica normal" o "Soy el jefe" no tienen sentido alguno; quieren saber *por qué*. Refutan supuestos, consideran otras opciones y rechazan la ortodoxia. Una cuestionadora me escribió:

> De joven no entendía el propósito de la moda y el maquillaje y los ignoré; ahora que soy adulta y trabajo, y que la experiencia subjetiva tanto como la investigación objetiva me han demostrado que la apariencia afecta la trayectoria profesional y la interacción con los demás, invierto un razonable esfuerzo en parecer atractiva. Asimilo eso con el tiempo que deseo dedicar a mi interior, el cual creo más importante.

Una manera muy cuestionadora de pensar...

Los cuestionadores quieren tomar las decisiones, aunque reciban el consejo de un "experto". No aceptan automáticamente ninguna autoridad, sino que preguntan siempre: "¿Por qué tengo que escuchar a esa persona?". Por ejemplo, antes de optar entre inscribirse a un curso o no, se entrevistarán con el profesor, asistirán a varias sesiones o pedirán referencias.

"Cuando decidí bajar de peso", recordó una cuestionadora, "hice hojas de cálculo de los nutriólogos, los planes nutricionales y los médicos que quería probar, con sus pros y contras. De este modo encontré a una nutrióloga que cubría mis requisitos y ahora sigo, en gran medida, sus recomendaciones."

Como ilustra este comentario, a las personas cuestionadoras les agrada hacer ajustes. Una de ellas exhibió esto —y también su desagrado por la arbitrariedad de los propósitos de Año Nuevo— cuando dijo: "Me impuse el reto de, siguiendo un video, hacer ejercicios por un mes, alternando los días. Comencé por casualidad el 1 de enero, y cada vez que se lo contaba a alguien enfatizaba que la fecha era una coincidencia, que aquél no era un propósito de Año Nuevo. Pese a que entonces no sabía que era una cuestionadora, ahora comprendo por qué era importante para mí decir eso".

Debilidades (y fortalezas)

Al igual que en las demás tendencias, las fortalezas de los cuestionadores son también sus debilidades. Como explicó una mujer: "Aunque poner todo en duda me ha servido mucho en términos profesionales —soy una alta ejecutiva de una compañía de renombre y una ocupada madre de niños pequeños—, eso es sumamente agotador; cuestiono todo y a todos".

Cuando no aceptan la justificación, los individuos de este grupo se niegan a cumplir la expectativa y esto puede causar problemas. En casa o en el trabajo, algunas personas podrían opinar que poner todo en tela de juicio resulta pesado, extenuante o engorroso, mientras que otras podrían considerar que hacen preguntas innecesarias, discuten por discutir o se niegan a aceptar la autoridad o decisiones ya tomadas. Un cuestionador me dijo: "Cuando en la compañía donde trabajo se implementa una nueva práctica, tengo por costumbre boicotearla (en forma franca o encubierta) hasta que alguien la argumenta a mi entera satisfacción". Esto es sensato para un cuestionador, pero quizás un gerente o compañero discrepe con él.

Un jefe que no entiende la actitud de un cuestionador podría considerarla molesta o irrespetuosa o concluir que "no sabe trabajar en equipo". Un individuo de esta tendencia me contó que lo despidieron porque, aunque trabajaba bien, su susceptible jefe interpretaba su ráfaga de preguntas como insubordinación.

De igual modo, para los jóvenes cuestionadores la escuela puede representar un auténtico desafío, porque numerosas reglas escolares suelen parecer arbitrarias o ineficientes, y es común que los maestros y directivos no se sientan obligados a justificarlas. En esta situación, a los cuestionadores se les complica realizar sus deberes y podrían actuar en formas poco cooperativas o insolentes. Una cuestionadora me escribió:

> He exhibido mi tendencia desde niña, como cuando me opuse tajantemente a regalar una tarjeta de san Valentín a cada una de mis compañeras. A mis ocho años de edad, pensé que si hacía eso perderían sentido las tarjetas que iba a regalarles a mis verdaderas amigas. La escuela puede ser frustrante para los cuestionadores.

El problema no se limita a la enseñanza básica. Otro cuestionador explicó:

> Tiendo a objetar e incumplir las expectativas que considero absurdas, ineficientes o arbitrarias. Como estudiante de licenciatura, esto me ha hecho omitir labores que juzgo arbitrarias, como resolver cuestionarios semanales para demostrar que he realizado las lecturas. En cambio, realizo con gusto tareas más difíciles, como proyectos y prácticas de laboratorio, porque siento que aprendo y que enfrento un reto.

Pese a que la incesante duda de los cuestionadores puede agotar y fastidiar a quienes los rodean, sus preguntas deben ser contestadas si se desea que ellos accedan a una solicitud.

Ellos mismos quisieran dejar de dudar a veces: "Siempre ansío tener más información antes de decidir", "Con frecuencia pongo en tela de juicio las reglas. La gente me dice: '¡Deja eso en paz y empieza de una vez!'. Ojalá pudiera". Tantas interrogantes consumen tiempo y energía. En la escuela de leyes, una amiga cuestionadora se entrevistó con docenas de despachos de abogados; yo me entrevisté con seis y ambas acabamos trabajando en el mismo.

Tal grado de indagación significa que los cuestionadores sufren en ocasiones de *parálisis por análisis*. No quieren dejar de indagar, sopesar sus opciones y considerar otras posibilidades. Anhelan tener información absoluta, pero es común que en la vida debamos decidir y avanzar sin ella.

Algunos cuestionadores también vacilan y tropiezan a causa de su inclinación inquisitiva. Por ejemplo, algunos reportan que cuando intentan seguir consejos de salud, se cuestionan si efectivamente ése será el *mejor* método a seguir; piensan: "Tal vez debería investigar más, quizás haya un medio más eficiente, puede ser que este consejo sea incorrecto", y esto obstaculiza su mejoría. De hecho, dada su pretensión de buscar razones y objetar explicaciones, si quieren, pueden hallar un argumento para evadir una expectativa o abandonar un buen hábito, ya que son buenos para identificar premisas poco sólidas.

Como explicó uno de ellos:

Puedo cuestionar y racionalizar cualquier cosa. Mis monólogos interiores suelen ser como un diálogo entre Jekyll y Hyde: "Deberías hacer ejercicio", "Hace mucho frío", "Hazlo en casa", "¡Tengo demasiado trabajo y es más importante que el ejercicio!". El diálogo me abruma y termino viendo la tele para apagar mi cerebro.

En este sentido, el deseo de los cuestionadores de hacer ajustes y su desconfianza del consejo de los expertos puede ser frustrante para quienes les brindan ayuda, asesoría o servicios: maestros, jefes, colegas, médicos, orientadores universitarios, plomeros y jardineros.

Cuando leí que en una encuesta en la que veintiséis por ciento de los médicos entrevistados estuvieron de acuerdo con el enunciado "Mis pacientes creen saber más que yo qué es bueno para ellos",[1] pensé: "Mmm... sospecho que se trata de los cuestionadores". Uno de ellos me explicó: "Frecuentemente no tomo en cuenta la opinión de los expertos. Mi dentista insiste en que debo hacerme rayos X cada año; pero me los hago cada cinco, porque creo que esa práctica frecuente e innecesaria podría ser causa de cáncer".

Otro cuestionador resumió su tendencia: "Me imagino que a ningún profesional de la salud le agrada verme llegar, porque siempre tengo miles de preguntas y no me voy hasta quedar satisfecho. Si sé algo, actúo en consecuencia, concuerde o no con la recomendación médica; si no sé nada, considero las respuestas obtenidas, pero hago mi propia investigación antes de decidir si seguiré o no el consejo".

Igual que en las demás tendencias, un don puede volverse una maldición. Como lo que motiva a los cuestionadores son razones firmes —o que ellos *consideran* firmes, aunque no siempre lo son—, parecen excéntricos. Rechazan la orientación de expertos para seguir sus propias conclusiones e ignorar a quienes argumentan: "¿Por qué crees saber más sobre pulmonía que un médico?" o "Todos en la oficina usan el mismo formato en sus informes, ¿por qué tú insistes en usar el tuyo?".

A juzgar por el material que leí mientras escribía mi biografía de John F. Kennedy, *Forty Ways to Look at JFK*, sospecho que muchos teóricos de la conspiración son cuestionadores.

En ciertas circunstancias, su excentricidad es obstinada. Por ejemplo, el legendario emprendedor y líder de negocios Steve Jobs era un cuestionador, y de joven creía que una dieta vegetariana alta en frutas lo excusaba de usar desodorante, pese a que muchos le decían lo contrario. Esa excentricidad puede llegar a ser peligrosa. Cuando a Jobs se le diagnosticó el cáncer que le costó la vida, rechazó el conocido método de quimioterapia y cirugía e intentó sanarse con un régimen autoprescrito de acupuntura, dieta vegana, hierbas medicinales y otros inusuales tratamientos antes de aceptar la cirugía.[2]

Sin embargo, con experiencia y sabiduría los individuos de esta tendencia, igual que las demás, pueden manejar sus debilidades. Uno de ellos resumió: "He aprendido que puedo meterme en líos si ignoro las reglas; ahora las sigo, las cambio o sigo adelante".

Una nota curiosa sobre los cuestionadores: suelen comentar lo mucho que aborrecen hacer fila. Una amiga me dijo: "Odio tanto hacer fila que no puedo sostener una conversación mientras espero a que me asignen mesa en un restaurante". Quizás esto se debe a una aversión a la ineficiencia.

Variaciones de la tendencia

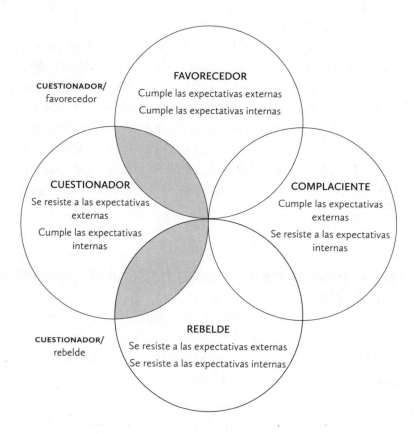

Como las personas de las demás tendencias, también los cuestionadores pueden ser muy diferentes entre sí.

La tendencia del cuestionador se vincula con las del favorecedor (ambos satisfacen las expectativas internas) y el rebelde (ambos se resisten a las expectativas externas).

Los CUESTIONADORES/favorecedores tienen más probabilidades de satisfacer las expectativas externas. Están dispuestos a aceptar la lógica de las expectativas sociales y las reglas en general; uno de ellos explicó: "Estoy convencido de que las reglas existen por alguna razón, incluso si desconozco cuál es. Para mí es importante no meterme en problemas ni incomodar a otros mientras valoro mis opciones. Sin embargo, si creo que una actividad no tiene un propósito útil, no la llevo a cabo".

Mi esposo, Jamie, es un CUESTIONADOR/favorecedor. Aunque desconfía de todo, es fácil persuadirlo de que cumpla una expectativa. Como favorecedora, dudo que pudiera estar felizmente casada con alguien que no fuera así, lo cual cabe pensar.

En el otro extremo del espectro, algunos cuestionadores se vinculan con los rebeldes; desafían ferozmente las expectativas y las rechazan con tal frecuencia que parecerían rebeldes (¿cuáles son las diferencias clave? Los primeros se resisten a una expectativa porque la creen injustificada, y los segundos porque no quieren que nadie los controle. Otra distinción reveladora: si los primeros tienen una expectativa propia, la cumplen sin dificultad; los segundos no).

Quizá se deba a mi naturaleza favorecedora, pero me divierte, y a veces me exaspera, oír a un CUESTIONADOR/rebelde explicar por qué no sigue las reglas.

Por ejemplo, algunos cuestionadores de este tipo se oponen al reglamento de tránsito. Uno de ellos me escribió: "Me río de los límites de velocidad y manejo a la velocidad que me acomoda". Cuando le pregunté: "¿Crees que todos deberían conducir a la velocidad que quieran?", contestó: "Sí, es una buena idea manejar a la velocidad que más te acomode. De todas formas, la mayoría no excederá cierto límite; basta con viajar por las autopistas interestatales para comprobarlo. Igual que la ley contra las drogas, también es inútil". Tal es la perspectiva del CUESTIONADOR/rebelde: la ineficacia y arbitrariedad de una expectativa general la vuelve ilegítima, y por tanto prescindible.

Otro CUESTIONADOR/rebelde me escribió: "Tengo que pagar una multa por haberme estacionado mal; pero como no entiendo que tiene que ver con la seguridad de la gente estacionarse de una manera u otra, no la pagaré". Tuve que combatir el impulso de responderle: "¡Buena suerte!".

El hecho es que si los cuestionadores reprueban una expectativa externa, se sienten con derecho a desdeñarla.

De acuerdo con su personalidad, cambia la firmeza con la que toman decisiones. Algunos sufren de parálisis por análisis: su escepticismo y deseo de más información les impiden avanzar. Uno explicó: "Tiendo a investigar cada marca, tipo de producto, compañía u oferta antes de comprar algo; me cuesta tanto decidirme que a veces tardo varias semanas en hacerlo".

Por otro lado, algunos cuestionadores son muy resueltos. Mi esposo, Jamie, siempre quiere saber por qué hay que hacer algo, pero una vez respondidas sus preguntas actúa rápido.

Desde muchos cuestionadores poseen una combinación de ambas cosas. Una mujer explicó:

> Aunque ocasionalmente caigo en la parálisis por análisis, lo extraño es que me ocurre sobre todo respecto a decisiones insignificantes. No tuve ninguna dificultad para elegir mi carrera y decidir si debía casarme joven o tener un perro; en cambio, tardé varios meses en seleccionar la clase de agenda que usaría para el nuevo año. Mi esposo (que es complaciente) no podía creer que le hubiera dedicado tanto tiempo a eso; cuando al fin me decidí por una agenda de diagramación diaria, respiró aliviado y preguntó: "¿Podemos dejar de hablar de agendas?".

¿Otra variación de esta tendencia? La destreza social. Los cuestionadores socialmente hábiles se las arreglan para formular interrogantes sin enfadar a los demás, agotar su paciencia ni ponerlos a la defensiva. Si a un cuestionador se le acusa de hacer demasiadas preguntas, carecer de espíritu de equipo o ser poco cooperativo, le beneficiaría formular sus preguntas de otra manera. En lugar de interrumpir la presentación de su jefe para decir abruptamente: "Esa nueva regla no tiene sentido", haría bien en inquirir: "¿Podrías explicarme el motivo de que se haya creado esa regla? Si entendiera su propósito, me sería mucho más fácil implementarla". En ocasiones, el modo de expresarse puede determinar si a un cuestionador se le ve como constructivo u opositor.

He advertido otro interesante patrón entre quienes pertenecen a este grupo: suelen poner en duda la teoría de las cuatro tendencias.

Cada vez que doy una charla sobre este tema, oigo carcajadas y señales de asentimiento a los asistentes cuando anuncio: "Si su primera reacción a las cuatro tendencias es pensar: 'Dudo de la validez de tu teoría', es probable que sean cuestionadores".

Eso se debe en parte a la naturaleza de estas personas, por supuesto; los cuestionadores matizan, agotan y buscan excepciones en sus respuestas al test. También pueden ser escépticos respecto a las bases científicas de esta teoría o a que describa en cuatro categorías a toda la humanidad. Muchos me han dicho: "Dudo de la validez de agrupar a todo el mundo en cuatro grandes clases".

"Ése es el quid de la cuestión", replico siempre. "Muchos hacen el mismo comentario cuando les hablo de las cuatro tendencias. ¡Plantean *esa objeción* con las mismas palabras!" Es curioso, su objeción a estas categorías los pone en una de ellas.

No obstante, creo que ese escepticismo también refleja que esta tendencia es la más común. Los favorecedores, complacientes y rebeldes saben lo que los diferencia de los demás, en tanto que los cuestionadores no perciben sus preguntas como evidencia de una tendencia, sino como una reacción lógica y universal a la vida. Un amigo me dijo: "Soy con toda certeza un cuestionador, aunque ¿no toda la gente, o al menos la mayoría, piensa igual?". ¡Claro que no!

Durante una visita a la preparatoria en la que estudié, hablé de las cuatro tendencias, y una alumna de último año insistió: "En mí se combinan varias tendencias; a veces actúo de un modo, otras de otro, según la situación". "¿Por ejemplo?", le pregunté. "Si un maestro que respeto me deja una tarea, la hago sin ningún problema y soy entonces una favorecedora; si, en cambio, no lo respeto, no la haré y entonces soy una rebelde. Varío de acuerdo con la situación." "¡Falso!", repuse, "eso es propio de un cuestionador puro, cuya primera pregunta es: '¿Por qué tengo que hacer lo que dices?'."

Por qué a los cuestionadores les disgusta que los cuestionen

Una gran ironía se percibe en la esencia del cuestionador.

Pese a que yo sabía que los individuos de este grupo hacen muchas preguntas, me llamó la atención que un oyente de mis podcasts inquiriera: "¿Has notado que los cuestionadores se resisten a que otros los pongan en duda?". Lo había notado en mi esposo, desde luego; de hecho, su negativa a que se le hagan preguntas es tan pronunciada que en nuestra familia, desde hace tiempo, utilizamos la expresión "ECEN": él sólo responde "en caso estrictamente necesario". Así se trate de "¿Qué vas a hacer para cenar?" o "¿Cuándo entrarás a tu nuevo empleo?", Jamie se rehúsa a contestar, lo cual me vuelve loca.

Yo suponía que ésa era una molesta peculiaridad de su personalidad; ahora sé que es un aspecto de su tendencia. A pesar de que a los cuestionadores no suele molestarles dar información, muchos rechazan que se les interrogue sobre cualquier cosa relativa a su juicio o decisiones, lo cual puede ser una fuente de tensión.

Una mujer me escribió para explicar:

A los cuestionadores nos exasperan las personas que, a diferencia de nosotros, no han investigado exhaustivamente los porqués, pros y contras de todo. Si yo decido seguir una dieta baja en carbohidratos y alguien que no es cuestionador me dice: "He sabido que esas dietas son malas para el hígado" o "¿Acaso Robert Atkins no murió joven?", me impaciento al instante. Si tales preocupaciones fueran válidas, yo las habría descubierto ¿entonces por qué habría decidido hacer esa dieta (exasperación absoluta)?

Otro cuestionador coincidió:

Preferiría no tener que explicarme ni detallar el motivo por el cual hago algo; ya me detuve previamente en la lógica de cada decisión. Así, *a)* me cansa volver sobre mis pasos para exponer mis razones y/o *b)* creo estar en lo cierto y no pienso que deba justificarlo ante nadie.

Como meditan sus decisiones, los cuestionadores suelen enfadarse u ofenderse cuando se les pone en tela de juicio. Esto resulta curioso, porque sus preguntas tienden a hacer sentir a la gente justo de esa manera.

Y desde luego, detestan las interrogantes que consideran una pérdida de tiempo. Su reacción inmediata es: "¿Por qué debo responder a tu pregunta?". La contestarán si se les explica el motivo; es decir, si no se les inquiere, por ejemplo "¿A qué hora saldremos?", contra "¿A qué hora saldremos?, quiero saber si me da tiempo de ir al gimnasio".

Es lógico que a la gente le impaciente que los individuos de este grupo se nieguen a responder sus interrogantes. Uno de ellos razonó: "Pongo tanto empeño en mis deliberaciones que me exaspera que los demás las ignoren, desdeñen o las cuestionen". De acuerdo, pero los demás también necesitan que sus preguntas sean resueltas.

¿Qué hacer entonces? En lugar de manifestarle a los cuestionadores que sus decisiones son discutibles, se les puede pedir que expliquen cómo llegaron a una conclusión, porque les agrada enseñar y compartir conocimientos. Se les podría decir, por ejemplo: "Quisiera conocer el procedimiento mental que seguiste, para llegar a esa decisión" o "Veo que elegiste este software y tengo curiosidad de saber por qué es el mejor".

Cómo pueden los cuestionadores dominar la parálisis por análisis

El afán inquisitivo de un cuestionador puede ser inmovilizador y extenuante, para él y para quienes lo rodean. Como ya se indicó, algunos cuestionadores no logran finalizar la fase de investigación para empezar a actuar. Uno de ellos me escribió: "No puedo dejar de investigar diversos métodos para alcanzar ciertas metas (dieta, ejercicio, finanzas, trabajo). Me obsesiona encontrar lo más eficiente, lo cual es completamente ineficiente; toda nueva teoría o metodología me distrae".

Por esta razón, los cuestionadores tienen que limitarse a deliberar. Para no distraerse a su impulso a profundizar, deben concentrarse en su propósito último. Un amigo cuestionador me dijo: "Tengo una necesidad de información insaciable, así que cuando siento que me estanco mientras investigo, me pregunto: '¿Este dato es relevante para mi decisión? ¿Por qué dedico tiempo y energía a este asunto?'".

"¡Cuestionas tu obstinación de cuestionar!", exclamé.

Otro integrante de este grupo me dijo: "Mi tendencia a interrogar complicaba mis citas con mis clientes, porque siempre quería saber más y dar más información". "¿Qué hiciste para cambiar?", le pregunté por curiosidad. "Fui más allá de mi espíritu cuestionador y recordé por qué apegarme a un horario es bueno para mis clientes y para mí."

¿Otro método? Los cuestionadores pueden evitar situaciones que requieren demasiada investigación, análisis y toma de decisiones. Una cuestionadora me escribió atribulada: "¿Cómo se me ocurrió diseñar y construir mi casa? Dediqué horas visitando foros y reseñas de productos para encontrar lo 'mejor', desde pisos hasta sistemas de aire acondicionado; y eso habría estado bien si me gustara, pero realmente me desagrada". Habría sido preferible que reclutara a un contratista de su confianza para que se encargara de esa labor.

Claro que hallar a un experto "de confianza" es todo un desafío, que los cuestionadores con parálisis por análisis pueden resolver si siguen el ejemplo de alguien a quien respetan o si restringen sus fuentes de información y consultan una publicación especializada, buscan a un médico, experto o autoridad que juzguen confiable, llaman a un respetado amigo o familiar o determinan que "Los empleados de esta tienda de artículos de exploración parecen conocedores, así que compraré aquí la tienda de campaña y no iré a ningún otro lado".

Los cuestionadores con parálisis por análisis o quienes los rodean pueden valerse de fechas límite para poner fin a una investigación y forzar una decisión: "Necesitamos una respuesta para el viernes". No obstante, ¡un cuestionador podría objetar ese límite! Uno de ellos me escribió: "No apruebo establecer una fecha límite; reacciono a ellas sólo cuando tienen sentido, las arbitrarias no surten efecto".

Sin embargo, para el exceso de objeciones del cuestionador o cualquier otro tipo de parálisis, el remedio más importante es la *claridad*. ¿Un individuo de esta clase se resiste a adoptar un hábito o cumplir una expectativa interna? De ser así, el problema es frecuentemente la claridad, porque cuando una persona como ésta no entiende claramente por qué debe satisfacer una expectativa de un modo particular, no la cumplirá. Los cuestionadores necesitan claridad, y para obtenerla formulan preguntas (las cuales señalan la causa de que hagan ciertas cosas que otros reprueban).

¿Por qué tengo que molestarme en hacer esto?

¿Por qué debo escucharte? ¿Qué experiencia o autoridad posees? "¿Este nutriólogo tiene las certificaciones necesarias para decirme lo que debo comer?"

¿Por qué tengo que hacer esto? ¿Por qué no es posible que otra persona se encargue de ello? "¿No pueden operarme en lugar de hacer fisioterapia?"

¿Puedo obtener más información?

¿Puedo ajustar esta expectativa a mis necesidades individuales? "Sufro algunos efectos secundarios, reduciré la dosis; no es necesario que le avise al médico."

¿No hay una manera mejor de hacer esto? "Si tomo todas mis pastillas en la mañana, me bastará con una sola toma al día."

¿Este método cumple su propósito? "No veo el motivo de que deba tomar esta medicina si no hace que me sienta mejor."

¿Quién se beneficia? ¿Cuál es la verdadera intención de la persona u organización que fija la expectativa? "El médico gana más si me someto cada semana a este procedimiento."

Una vez que obtienen claridad, los cuestionadores entran en acción. Uno de ellos me escribió:

Saber que soy un cuestionador me permitió dejar el azúcar. No podía hacerlo si no pasaba de ser una noción vaga; debía investigar, así que asistí a conferencias, examiné artículos en internet y leí *Why We Get Fat* de Gary Taubes. Descubrí entonces que es relativamente fácil reducir el azúcar; necesitaba datos claros y contundentes, y en cuanto los obtuve se me facilitó mucho cambiar ese hábito.

Cabe señalar, no obstante, que la claridad de un cuestionador podría no resultar lo que otros intentan promover.

¿Cómo pueden los cuestionadores cumplir expectativas no justificadas buscando justificaciones propias?

Los individuos con esta personalidad suelen meterse en líos cuando están en una situación en la que es importante que cumplan una expectativa que consideran arbitraria, ineficiente o injustificada.

En estas circunstancias, podrían recordar que tiene sentido que cumplan una expectativa —incluso insensata o arbitraria— porque es importante para otra persona o porque les beneficiará a ambos.

Uno de ellos rememoró:

> Tardé mucho en darme cuenta de que hacer feliz a mi abuela era, en ocasiones, razón suficiente para hacer lo que me pedía. De joven la volvía loca oponiéndome a lo que quería. ¿Por qué secar los trastes cuando se secaban solos en el escurridor? ¿Por qué no podía vestirme de negro todo el tiempo? Ahora sólo pienso: "Haré estas cosas, aparentemente sin sentido, porque en realidad sí lo tienen: complacer a mi abuela".

Un preocupado estudiante de medicina me preguntó: "¿Qué puedo hacer cuando me piden hacer algo ridículo o arbitrario? Esto sucede prácticamente todos los días y me es muy difícil manejarlo". No te atormentes, es algo muy común entre los cuestionadores. No te quedes en el primer razonamiento; piensa en lo que hay detrás de eso, y hazlo por tus motivos: "Sí, esta tarea es absurda y perder tiempo me saca de quicio, pero quiero ganarme el respeto de mi profesor; mi objetivo justifica que la lleve a cabo".

Como ilustran estos ejemplos, aun en ausencia de una justificación de primer orden: "¿Esta expectativa tiene sentido en sí misma?", los cuestionadores pueden dirigir su atención a un argumento de segundo orden: "¿Tiene sentido que cumpla por mis propios motivos esta expectativa, aunque sea injustificada?". Es importante *hacer lo que debes* para poder *hacer lo que quieres*.

RESUMEN: CUESTIONADOR

PROBABLES FORTALEZAS

Los motiva la información

Son justos (a su parecer)

Les interesa crear sistemas eficientes y eficaces

Están dispuestos a desempeñar el papel de abogados del diablo

Les agrada sacudir el sistema, si se justifica

Son introspectivos

Se resisten a aceptar una autoridad no justificada

POSIBLES DEBILIDADES

Pueden sufrir parálisis por análisis

Son impacientes con el conformismo de los demás

Son potencialmente excéntricos

Son incapaces de concluir asuntos que otros juzgan resueltos si hay aún preguntas por resolver

Podrían rehusarse a cumplir expectativas que los demás consideran justas, o que no son opcionales (por ejemplo, el reglamento de tránsito)

Podrían resistirse a responder las interrogantes de otros

6. El trato con un cuestionador

"¿Por qué debemos tener un lema?"

Trabajo • Cónyuge • Hijos • Paciente • Elección de carrera

El trato con un cuestionador en el trabajo

Los cuestionadores pueden ser muy valiosos para las organizaciones porque formulan preguntas como "¿Por qué hacerlo así? ¿Debemos hacerlo para comenzar? ¿Tenemos que entrevistar a más personas? ¿No hay una mejor manera de estructurar esto?".

Les gusta investigar, buscar eficiencia y eliminar procesos irracionales. Rechazan explicaciones perezosas como "Siempre lo hemos hecho así". Su escepticismo garantiza que una organización use sus recursos de la manera más efectiva.

Pero aunque suelen ser valiosas para un esfuerzo de equipo, las incesantes preguntas de un cuestionador no siempre son apreciadas por sus jefes y compañeros. Una cuestionadora expuso:

Ser cuestionadora me ayuda a hacer bien el trabajo básico de mi puesto; sin embargo, cuando la gente quiere dejarse llevar por el flujo, juzga mi necesidad de hacer preguntas como una falta de espíritu de equipo. Pienso que si las preguntas se formulan con cortesía (incluso la de "¿En realidad tenemos que llevar a cabo este proyecto?"), con frecuencia un equipo puede aclarar su enfoque, evitar pasos en falso y trabajo innecesario y obtener un mejor resultado. Aunque mi fervor por ahorrar tiempo, dinero y esfuerzo suele ser apreciado, puede enfadar también a quienes interpretan mis interrogantes como crítica o a quienes contestan: "Porque lo dijo Fulano" o "Porque siempre se ha hecho así". Estas respuestas son quizá las dos justificaciones más molestas que pueden presentársele a un cuestionador.

Cuando los individuos de este grupo se niegan a seguir una práctica aceptada, pierden tiempo poniendo en duda cuestiones que otros consideran resueltas o no pueden tomar una decisión oportunamente, parecen difíciles. Sus compañeros pueden ayudarles a no indagar en exceso imponiendo límites a sus investigaciones. Por ejemplo, un gerente puede pedirle a un cuestionador que entreviste a los candidatos para ocupar un puesto y que seleccione al mejor en una fecha determinada o que considere únicamente a los cinco mejores. Limitar contribuye a la acción.

Como confían sobremanera en su análisis y juicio, es probable que los cuestionadores estén convencidos de sus opiniones y se resistan a que se les persuada de lo contrario.

El director de una compañía me contó: "El vicepresidente de investigación es muy brillante, pero no puedo trabajar con él; siempre cuestiona mi juicio y mis decisiones; mi autoridad y experiencia no significan nada para él". A lo que yo repuse: "Quizá su intención no sea debilitar a nadie, simplemente pone todo en tela de juicio porque ésa es su naturaleza". "Como sea, ya no podemos hablar; tengo que tratarlo a través de un intermediario."

Cuando los compañeros comprenden que el cuestionador no pretende ser polémico o poco cooperativo, sino que actúa de acuerdo con su tendencia, se les facilita tenerle algunas consideraciones y darle la información que necesita. Una complaciente reportó: "Soy profesora del sistema Montessori y colaboro con dos cuestionadores. Antes me hacían enojar a diario, pero ahora les sugiero libros, páginas en internet o artículos para que resuelvan sus dudas".

Cuando trabajan por su cuenta —sea que pongan un negocio o generen sus propias actividades—, este tipo de personas hacen bien cualquier tarea que, en su opinión, valga su tiempo y energía. Se comprometen a hacer sólo las cosas que tienen sentido, lo que, como de costumbre, es tan útil como difícil. Por ejemplo, evitar perder tiempo en conversaciones incidentales con posibles clientes, a menos que crean que eso ayudará a cerrar la venta.

Quizá también deban lidiar con la parálisis por análisis, porque trabajar por cuenta propia implica gran cantidad de decisiones complejas: ¿cuál es la mejor manera de archivar documentos, declarar impuestos, obtener seguro médico y manejar la mercadotecnia? Si un individuo con esta tendencia trabaja solo, la indecisión podría bloquearlo.

El trato con un cónyuge cuestionador

Un cuestionador me escribió: "Siempre pregunto por qué y cómo las cosas pueden mejorar. Mi esposa dice en broma que jamás nos separaremos, porque yo ya lo investigué y tomé la decisión. ¡Es cierto!".

Tengo mucho contacto con esta tendencia, porque mi esposo pertenece a ella. Estar casada con un cuestionador suele ser difícil, pues mi primera reacción como favorecedora es cumplir una expectativa sin chistar. A veces veo expectativas donde no las hay o me preocupa apegarme demasiado a las reglas; en cambio, Jamie cuestiona siempre una expectativa antes de cumplirla y su ejemplo me ha enseñado a dudar más.

Pero aunque respeto ese aspecto de su carácter y frecuentemente me empeño en imitarlo, a veces me vuelve loca. Preferiría que en nuestro hogar privara un espíritu de cooperación inmediata, pese a que ahora entiendo que él no quiere dificultar las cosas, sólo estar seguro de por qué debe hacerlas.

Hace poco le pedí que, de regreso del gimnasio, comprara un poco de jamón de pavo; estas diligencias no le agradan, porque no le gusta hacer fila en la salchichonería (igual que a todos los de su categoría). Antes de que yo supiera que es un cuestionador, quizá le habría enviado este mensaje: "Por favor, compra jamón de pavo ahumado" y él me habría ignorado, no porque sea una mala persona sino porque habría razonado: "¿Por qué tengo que hacerlo? ¿Por qué comprarlo si tenemos comida suficiente en casa? Eso me hará perder mucho tiempo". Así que tomé en cuenta su tendencia y le escribí: "Por favor, compra jamón de pavo ahumado. Eleanor tiene dos viajes de campo esta semana y lo necesita para su lunch". Lo compró.

En ocasiones las interrogantes de una persona cuestionadora pueden hacer sentir a su cónyuge atacado o no apoyado. Una de ellas me escribió:

> Invariablemente debo saber por qué debo hacer algo y esto causa mucha tensión en mi matrimonio. Mi esposo no se siente respetado si debe explicarme algo para pedirme un favor. La pregunta: "¿Podrías comprar un foco, cariño?" se ha convertido en una riña que dura dos días; yo moriría antes de adquirir un foco sin conocer los detalles.

Una amiga cuestionadora está casada con un favorecedor:

Mi esposo no soporta que haya cajones y muebles abiertos en la cocina así que me dijo: "Pongamos como regla que los muebles y cajones de la cocina siempre estén cerrados". Estuve de acuerdo; para un favorecedor, una vez establecida una regla, se cumple, pero añadí: "¿Por qué debe ser una regla?". Él me respondió: "Yo pondré ésta, tú pon otra". "No quiero imponer reglas", repliqué. "¿Por qué los muebles y cajones deben estar cerrados, para empezar? Si eso quieres, ciérralos tú; a mí no me importa cómo estén, así que ¿por qué debo molestarme en hacerlo?"

No aguanté la risa: "¡Eres tan cuestionadora y él tan favorecedor!". Clásico.

Me encanta ver las tendencias desplegarse frente a mis ojos.

Como conceden mucho peso a su análisis, los cuestionadores suelen resistirse al consejo de "expertos", lo cual puede ser frustrante para su pareja. Una lectora me escribió: "Mi esposo es cuestionador y cree tener respuestas para todo, lo que frecuentemente es cierto, pero lo vuelve todo más difícil. Por ejemplo, si yo quiero consultar a un asesor financiero, él piensa que sólo perderemos dinero; cree poder investigarlo todo y saber tanto como cualquiera".

Este patrón puede ser irritante pero también peligroso si, por ejemplo, un cuestionador concluye que las funciones de seguridad de una herramienta eléctrica no son necesarias.

Su búsqueda de información y su deseo de tomar la mejor decisión podrían inmovilizar a su pareja en la parálisis por análisis. Una lectora me escribió:

Como mi esposo es un cuestionador, no logramos nada. Por ejemplo, hallé un jardín de niños para nuestro hijo, pero él no estuvo de acuerdo; en otro caso teníamos que hacer unos escalones de concreto, pero él rechazó el plan del contratista. Aunque yo intento hacer las cosas, él plantea tantas preguntas que me doy por vencida.

Esta señora podría usar estrategias para ayudar a los cuestionadores a evitar la parálisis por análisis, como fijar fechas límite, seguir el consejo de un asesor respetado o limitar las fuentes de información.

Como en todas las tendencias, el lado positivo del cuestionador puede volverse negativo, y su pareja experimenta ambos.

El trato con un hijo cuestionador

Para un hijo cuestionador, las explicaciones "Porque lo digo yo", "Siempre lo hemos hecho así", "Eso es lo que tienes que hacer" y "Tal es la regla" son insoportables y no justifican acatarlas.

Un cuestionador necesita razones. Si un padre quiere que su hijo cuestionador continúe con sus clases de piano, debe argumentar: ¿Por qué debe tocarlo?, para empezar. ¿Por qué es importante que lo practique? ¿Por qué debe tocar cierto número de días? ¿Por qué tiene justo ese maestro? Si la música es valiosa, ¿por qué no limitarse a oírla? ¿A qué se debe que también tenga que ejecutarla? Si a un hijo cuestionador le satisfacen estas razones, es más probable que lleve a cabo la tarea con regularidad; pero si no son de su agrado, podría resistirse a ello con todas sus fuerzas.

A padres y maestros puede molestarles que chicos pertenecientes a esta tendencia se rehúsen a la conducta habitual y que pregunten: "¿Por qué no puedo ponerme mi disfraz de Halloween para ir a la escuela?", "¿Por qué tengo que ser amable con mi tío Jimmy si él es grosero conmigo?", "¿Qué caso tiene asistir a la universidad?". Una lectora me escribió: "Mi hijo adolescente es un cuestionador, acaba de obtener su licencia de manejo y hace unos días condujo descalzo después de una competencia de natación. Le dije: 'Ponte los zapatos, está prohibido conducir descalzo' (soy favorecedora) y él repuso: '¿Por qué está prohibido (algunos individuos de esta categoría discrepan del reglamento de tránsito)?'".

A los profesores pueden agradarles las interrogantes de un cuestionador, porque motivan las discusiones en clase y son prueba de la participación de un alumno, pero también lo exasperan si consideran que entorpecen la discusión, desafían su autoridad, se oponen a la realización de tareas o desvían la energía del grupo.

Ser menor de edad puede resultar penoso para un cuestionador, porque suele esperarse que haga algo porque un adulto lo dijo. El padre de un chico cuestionador expuso: "Pese a que él es muy listo, no le va bien en la escuela; destaca en los exámenes, pero no les ve sentido a las tareas y se niega a hacerlas".

Las frustraciones escolares de los cuestionadores pueden tener un efecto significativo en su éxito académico; si un chico se rehúsa a satisfacer una expectativa es importante entender su conducta. Mientras que un joven rebelde podría pensar: "No pueden obligarme a hacerlo", uno cuestionador quizás esté a la espera de un argumento convincente para cumplir la expectativa. Uno de ellos contó:

Cuando era chico tenía muy mala letra y eso parecía preocupar a mis maestras más que el contenido de mi trabajo. Era listo y un día descubrí que sabía las respuestas a todas las preguntas de mis libros y no existía una razón para que escribiera nada. Si la profesora quería saber mi respuesta,

¡que me la preguntara! Pero las maestras me castigaban, decían que era flojo, necio y lento, pero no me daban una buena explicación. Comencé a tomar apuntes cuando las labores se complicaron tanto que, de no hacerlo, habría perdido el hilo de mis pensamientos.

Si una de aquellas maestras se hubiera molestado en indagar la renuencia de ese muchacho y le hubiera dado las explicaciones adecuadas, tal conflicto escolar se habría desvanecido mucho antes.

El hecho es que los hijos cuestionadores chocan frecuentemente con la autoridad. A mí siempre me agrada ver ejemplos de las cuatro tendencias —en la vida real, en libros, películas o programas de televisión— y cuando releí *Jane Eyre* de Charlotte Brontë descubrí que en la primera página la odiosa tía Reed llama literalmente a Jane "cuestionadora" y la considera insufrible: "No me gustan las personas quisquillosas ni cuestionadoras".

Así, cuando un chico cuestiona una tarea o expectativa, su padre o profesor haría bien en darle una justificación razonada. Si pregunta: "¿Por qué debo saber acerca de la antigua Mesopotamia si nunca me servirá de nada?", podría responderle en vano: "Porque así lo dice el programa y tienes que respetarlo", o con provecho: "Aparte de saber sobre Mesopotamia, aprenderás algo más: a analizar materiales complejos, a extraer las ideas esenciales de un texto, a tomar apuntes con eficiencia y a explicar ideas con tus propias palabras, todas estas habilidades te servirán mucho en la vida".

Más allá de eso, incluso los menores de edad pueden reaccionar a las "razones de segundo orden". "¿Por qué no debes manejar descalzo? Porque si lo haces te expondrás a pagar una multa elevada o a que te suspendan la licencia", "¿Por qué tienes que tomar cursos que parecen absurdos? Porque no podemos pagar la universidad y debes aprobarlos para que te den una beca", "¿Por qué ser amable con tu tío Jimmy? Porque estimas a tu abuelo y él se alteraría si fueras descortés con tu tío".

El trato con un paciente cuestionador

Para cualquier profesional de la salud es crucial (aunque en ocasiones imposible) contestar las interrogantes de un cuestionador, porque, una vez convencido, éste cumplirá sin dificultad las expectativas de salud —tomará sus medicinas, se someterá a fisioterapia, cambiará sus hábitos alimenticios o se presentará a sus chequeos—, mientras que, si no se le convence, no las cumplirá.

Con frecuencia los profesionales de la salud creen haber justificado sus razones, pero lo cierto es que han dejado preguntas sin responder y el cuestionador no actuará. Por ejemplo, un dentista podría decir: "Debes lavarte los dientes durante dos minutos al menos dos veces al día o acumularás sarro". Ésta parece justificación suficiente, pero ¿qué es el sarro? ¿Cuáles son las consecuencias de que se acumule? Y aun si éste es un problema, ¿por qué no se puede esperar sencillamente a que el dentista lo elimine? Una exposición un poco más detallada provocaría una mejor participación.

Asimismo, cabe señalar que los individuos de este grupo suelen poseer un marcado impulso a hacer ajustes. Podrían tomar la decisión de seguir instrucciones como lo crean más adecuado, no exactamente como se les prescribió. Por eso es importante explicarles por qué seguir con precisión las instrucciones: "Este medicamento debe tomarse durante las comidas, porque de lo contrario provoca una náusea severa".

Los cuestionadores necesitan razones. ¿Por qué tienen que reducir el consumo de carbohidratos? ¿Por qué deben recorrer el pasillo de un avión? ¿Confían en la autoridad que les indica hacer esas cosas? De ser así, las harán; de lo contrario, no: actuarán conforme lo juzguen conveniente, adaptado a sus circunstancias. Un amigo cuestionador relató:

> Cuando me diagnosticaron diabetes tipo 2, mi novia pensó que me sería difícil seguir mi nuevo plan alimentario, pero yo supe que lo lograría. Mientras estábamos en el consultorio, sin embargo, creyó que estaba fuera de control, porque hice muchas preguntas. Yo sabía que necesitaba esos datos; en cuanto tomo una decisión, me apego a ella. Pese a todo, fui sincero con el médico y le dije: "Comeré bien, pero tomaré seis cervezas a la semana".

El aspecto "excéntrico" del cuestionador (término brusco aunque inmejorable para referirse a quien está convencido de la veracidad de sus conclusiones, pese a que no es un experto) suele aparecer en circunstancias relacionadas con la salud, quizá como una combinación de la aptitud para hacer amplias investigaciones, en páginas de internet no muy confiables, y el deseo de hacer ajustes.

Un cuestionador podría dar con una teoría propia acerca de un problema de salud o del tratamiento. A mi modo de ver, los profesionales de la salud ignoran las teorías de sus pacientes y a reiterar su visión del caso, con la esperanza de que acepten su opinión como expertos. No obstante, este método no da resultado; es mucho más efectivo abordar la teoría del paciente y detallar por qué no se está de acuerdo con ella.

El esposo de una amiga (cuestionador) se hizo cargo de su tratamiento de cáncer, para consternación de ella y sus médicos, quienes no dejaban de debatir con él: "¿Por qué cree saber más que los cancerólogos?". No obstante, él hizo su investigación y sacó sus propias conclusiones, y para él esto tenía más peso que la autoridad de un experto. Para convencerlo de que estaba equivocado, las personas que lo rodeaban tuvieron que analizar los datos y el razonamiento que él consideraba contundentes y presentar los suyos en lugar de sólo repetir: "¿No puedes escuchar a los médicos?".

Como en cualquier otra área, también en la de la salud es útil recordarle a un cuestionador: "Haz la prueba, si surte efecto, continúa y si no prueba otra cosa", método que apela a su deseo de reunir información y hacer ajustes. O bien, podría seguir el ejemplo de alguien a quien respeta: "Si ese procedimiento le dio resultado a él, quizá también me sirva a mí".

Elección de carrera como cuestionador

La gente suele decir cosas como "Soy periodista, así que sin duda soy un cuestionador" o "Los cuestionadores tienden a ser científicos", pero las cosas no son así. Casi cualquier puesto puede ser ocupado por personas de todas las tendencias, porque los factores que contribuyen al éxito en una carrera son muy diversos; después de todo, una tendencia sólo describe cómo responde un individuo a una expectativa, no cuáles son sus talentos, personalidad, inteligencia o intereses. Tengo una amiga que es una brillante y analítica doctora a la que le gusta mucho investigar y hacer preguntas... y que es una complaciente, porque cuando se trata de cumplir expectativas, satisface al instante las externas, pero se resiste a satisfacer las internas.

Dicho esto, los cuestionadores disfrutan frecuentemente de la investigación y el análisis, de modo que se desarrollan mejor en trabajos que se relacionan con la información. Les gusta optimizar sistemas. Un cuestionador me explicó:

> Soy auditor interno de una gran corporación multinacional y he dedicado veinte años a preguntar por qué las cosas se hacen de cierta manera y a buscar cómo mejorar métodos. Se me respeta porque siempre me doy tiempo para explicar por qué recomiendo ciertas cosas, mientras tanto permanezco abierto a las ideas de los demás. Dudo haber tenido tanto éxito en mi empleo si mi tendencia fuera otra.

Muchas profesiones se benefician del carácter del cuestionador en la razón y las explicaciones. Uno de ellos detalló:

> Soy un CUESTIONADOR/favorecedor y trabajo como planificador de uso de suelo en una ciudad pequeña, donde me ocupo de nuevos proyectos urbanísticos. Parte de mi labor consiste en confirmar que esos proyectos sigan las reglas del gobierno (es decir, que un edificio tenga las medidas adecuadas de extensión y de altura, cierta distancia de la calle, etcétera), lo cual puede ser objeto de un alto grado de discrecionalidad e interpretación.
>
> Mi tendencia me permite tratar fácilmente con los urbanizadores, a quienes exijo hacer sólo cosas prácticas y les explico por qué es mejor invertir su dinero de esa manera. En cambio, mi colega es favorecedor y se aferra a la ley, sea aplicable o no, lo que le produce frecuentes conflictos con los urbanizadores, nuestros gerentes y el ayuntamiento.

A los cuestionadores les va bien en un entorno que alienta y recompensa el escepticismo y con personas que tienen una amplia tolerancia a ser interrogadas. No se llevan bien con quienes argumentan "Porque lo digo yo" o "Siempre lo hemos hecho así".

En la medida de lo posible, deben evitar a jefes y colegas que interpreten los constantes cuestionamientos como debilidad, falta de cooperación u obstrucción. Uno de ellos me relató: "Tuve un jefe que quería que todos trabajáramos en equipo. Yo me considero apto para hacerlo y parte de mi aportación es confirmar que se hacen las cosas del mejor modo posible. Pero cada vez que preguntaba algo, mi jefe lo veía como resistencia a trabajar en equipo".

Dado que deben entender el porqué de las cosas, a algunos cuestionadores les gusta ser su propio jefe, para realizar su investigación y tomar decisiones.

Los individuos de esta tendencia detestan hacer cosas arbitrarias, irracionales o ineficientes, así que sea cual sea la carrera que sigan, deberán evitar esas condiciones. Los que deliberan en exceso se desarrollarán mejor en lugares donde las fechas los obliguen a actuar, o donde gerentes o compañeros pueden ayudarles a establecer límites razonables a sus indagaciones.

RESUMEN: EL TRATO CON UN CUESTIONADOR

Ponen en duda todas las expectativas y las cumplen sólo si las creen justificadas, de tal forma que quizá cumplan únicamente las internas.

Conceden un alto valor a la razón, la investigación y la información.

Toman decisiones basándose en la información y la razón; a veces el motivo es que resultan importantes para otra persona.

Siguen el consejo de una "autoridad" sólo si confían en su experiencia.

Se atienen a su propio juicio, aunque sea contrario al de expertos que supuestamente saben más.

Formulan preguntas de modo persistente, lo que puede dar la impresión de que son poco cooperativos o desafiantes.

Aborrecen todo lo arbitrario, por ejemplo reglas como "Se prohíbe introducir más de cinco prendas al probador".

No les gusta que los cuestionen; como meditan sus acciones, estiman molesto, incluso ofensivo, que se les pida justificar su curso de acción.

Pueden tener problemas para delegar decisiones, porque sospechan que los demás no tienen fundamentos para actuar.

COMPLACIENTE

Cuenta conmigo; cuento con que lo hagas

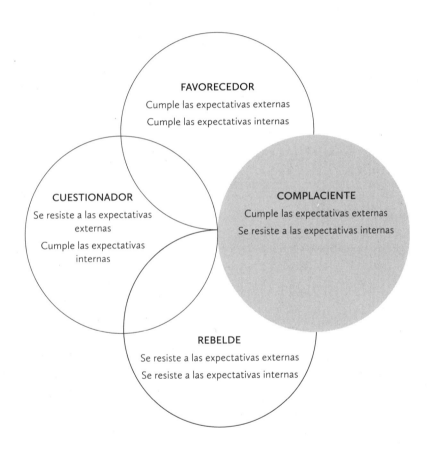

FAVORECEDOR

Cumple las expectativas externas

Cumple las expectativas internas

CUESTIONADOR

Se resiste a las expectativas externas

Cumple las expectativas internas

COMPLACIENTE

Cumple las expectativas externas

Se resiste a las expectativas internas

REBELDE

Se resiste a las expectativas externas

Se resiste a las expectativas internas

"Cuenta conmigo; espero que lo hagas."

"CUANDO SIRVO A LOS DEMÁS, ME SIRVO A MÍ MISMO."

"Si debo hacerlo, lo haré; si quiero hacerlo, no lo haré."

"Haré lo que me pidas... hasta que sea posible."

"Necesitamos un compromiso externo para todo,
incluso para pasar tiempo con nosotros mismos."

"NO DIGAS TANTO QUE SÍ."

"Tengo una mecha larga que arde rápidamente."

"Trátate como tratas a los demás."

"¿En qué puedo servirte?"

"No quiero hacerlo, pero lo haré de todas formas."

"Todos para uno y uno para todos."

7. Descripción del complaciente

"Haré lo que me pidas... hasta donde sea posible."

Fortalezas (y debilidades) • Debilidades (y fortalezas) • Variaciones de la tendencia • Los complacientes pueden cumplir expectativas internas si crean responsabilidad externa • Cuando la responsabilidad externa desaparece • Cómo pueden manejar los pros y contras de su tendencia • Cómo distinguen entre expectativas externas e internas • Cómo comprender la rebelión del complaciente y protegerse de ella

En el transcurso del tiempo, todos enfrentamos una avalancha de expectativas: las *externas* que los demás nos imponen (o intentan hacerlo) y las *internas* que nos imponemos a nosotros mismos (o tratamos de hacerlo).

Los complacientes satisfacen de buena gana las expectativas *externas*, pero se resisten a satisfacer las *internas*. Identificar esta tendencia me dio la respuesta a la pregunta de mi amiga: "¿Por qué no puedo ir a correr si cuando estaba en el equipo de atletismo de la preparatoria jamás falté a un entrenamiento?". Mientras tuvo un entrenador y un equipo que contaban con ella —expectativas externas— no tuvo dificultades para presentarse a entrenar, pero ahora su expectativa interna no bastaba para ir a correr.

En consecuencia, los complacientes responden a la responsabilidad externa. Despiertan y piensan: "¿Qué debo hacer hoy y por quién?". Cuando una expectativa procede del exterior —un jefe, cliente, familiar, médico, entrenador, colega—, ellos reaccionarán. Casi sin falta cumplen sus fechas límite, sus promesas y actúan a favor de los demás.

Sin embargo, se resisten actuar en *su* propio beneficio. Para ellos, las expectativas *internas* representan un desafío. Por más que quieran cumplir una expectativa de esa índole —hacer ejercicio, tomar un curso, poner un negocio—, es casi inevitable que fracasen. Es difícil reconocerlo, pero es cierto.

Pero es sencillo de remediar una vez que un complaciente sabe cómo hacerlo.

¿Cómo *cumplir* una expectativa interna? *Mediante la creación de responsabilidad externa.* Tan pronto como se da cuenta de que la responsabilidad externa es el elemento que le falta, la solución es fácil de alcanzar.

Por eso los complacientes son quienes más se benefician de conocer su tendencia. Incluso más que a los favorecedores, cuestionadores y rebeldes, la teoría de las cuatro tendencias ayuda a los complacientes a analizar su conducta y les enseña a hacer los cambios que requieren (también ayuda a quienes los rodean a influir en ellos con eficacia).

Esto es importante, porque esta tendencia es la más común de todas, tanto en los hombres como en las mujeres.

Fortalezas (y debilidades)

El complaciente es la base del mundo. Éste no sólo es el grupo más grande, sino también aquel con el que más cuenta la gente. Sus integrantes hacen acto de presencia, contestan la llamada de un cliente a medianoche, cumplen las fechas límite, asumen su responsabilidad, se ofrecen como voluntarios y ayudan (hasta donde les es posible: más adelante hablaremos sobre la rebelión del complaciente). Sea en el trabajo o en el hogar, ésta es la tendencia con más probabilidades de contribuir.

Me disponía a hablar en una conferencia sobre las cuatro tendencias y aunque generalmente no empleo diapositivas, el organizador me exhortó a incluirlas en esta ocasión. "No sé cómo hacerlas", admití. "Mándame el texto y yo las haré", repuso. "Mmm...", gruñí, con explícito tono de duda. "Soy un complaciente", agregó. "¡Ah!", exclamé. "En ese caso, gracias, ¿podrías tenerlas para el viernes?" "¡Claro!", contestó y ambos reímos.

Los complacientes se distinguen por satisfacer las exigencias y fechas límite de otras personas. A causa de su vivo sentido del deber para con los demás, son magníficos líderes, integrantes de equipo, amigos y familiares. Son la punta de lanza de cada comunidad. Dirán frecuentemente: "Pongo a mis pacientes/clientes/colegas/colaboradores/familia por encima de mí".

Así como el tipo de sangre O positivo es universal, esta tendencia es el compañero universal: con extrema facilidad se lleva bien con las otras tres.

Cuando los complacientes tienen la responsabilidad externa que necesitan para cumplir sus expectativas internas, no experimentan ninguna limitación o frustración consigo mismos, y muchos entornos, como el trabajo, conceden un alto grado de responsabilidad. Cuando lo que los demás esperan de ellos es lo mismo que los complacientes esperan de sí mismos, consiguen la vida que desean.

Mi madre es un excelente ejemplo de ello. Es una complaciente, por decisión propia y también por azar, porque encuentra siempre la responsabilidad externa que requiere para cumplir propósitos importantes para ella. Durante años hizo ejercicio con regularidad: salía a caminar con una amiga que vivía al lado; le encanta leer y pertenece a un club de lectura.

A los complacientes no les produce frustración la dificultad que enfrentan para satisfacer las expectativas internas —podrían incluso no *notarla* nunca—, porque la trama de su vida les permite resolverla sin mayor alboroto.

Debilidades (y fortalezas)

Por más que quieran satisfacer sus expectativas internas, los complacientes no lo lograrán si no tienen algún tipo de responsabilidad externa. En la muestra representativa que estudié, más del sesenta por ciento afirmó sentirse decepcionado de sí mismo por pensar: "Tengo tiempo para otros, pero no para mí".

Por esta razón, no logran motivarse: trabajar en su tesis de doctorado o informe de actividades, asistir a eventos, llevar su coche al servicio o recibir un masaje. Este problema puede ser grave. Un complaciente que sueña con emprender, cambiar de carrera o renunciar a la comida rápida podría desanimarse debido a su incapacidad para alcanzar ese propósito. Uno de ellos resumió: "Puedes incumplir las promesas que te haces, nunca las que les haces a los demás".

Dependen de la responsabilidad externa para satisfacer sus expectativas tanto externas como internas; si esa responsabilidad no existe, están en problemas.

Sin embargo, si la carga de las expectativas externas se vuelve demasiado pesada, podrían experimentar la "rebelión del complaciente": luego de cumplir muchas veces una expectativa, de pronto estallan y se niegan a cumplirla una vez más. Este tipo de rebelión se caracteriza por pequeños y simbólicos actos o por grandes y destructivos.

Aunque necesitan responsabilidad externa para satisfacer

expectativas, los complacientes también deben evitar que éstas desencadenen rebelión.

Variaciones de la tendencia

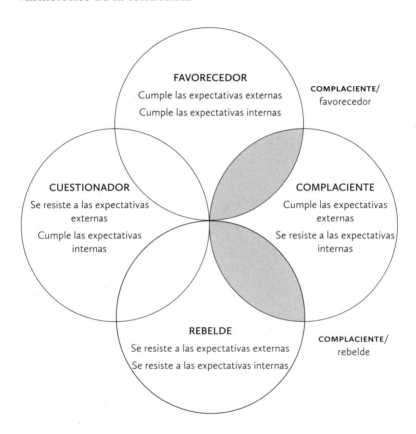

Pese a que todos los complacientes responden a las expectativas externas, varían *enormemente* en cómo y cuándo lo hacen.

Igual que las demás tendencias, la del complaciente se
vincula con otras dos: la del favorecedor (ambos satisfacen
expectativas externas) y la del rebelde (ambos se resisten a expectativas internas).

Aunque se supone que los COMPLACIENTES/favorecedores son los que sienten más presión para cumplir todo tipo de expectativas, y por tanto los que experimentan más antipatía y agotamiento, ocurre lo contrario: los COMPLACIENTES/favorecedores suelen tener una noción más clara de sus capacidades y deseos, así como mayor aptitud para decir que no, a la manera del favorecedor.

Mi hermana, Elizabeth, es una COMPLACIENTE/favorecedora. Como complaciente, satisface sin más las expectativas externas y se resiste a las internas, pero en determinado momento es capaz de decir: "No, lo siento, no puedo hacerlo". Pese a que no soporta decepcionar a la gente, si sabe que no podrá cumplir una expectativa dice que no sin mayor dificultad; le resulta fácil pensar: "Para decirte que sí debo decirle que no a otro, así que lo siento: no puedo hacer eso". Ninguna de nosotras recuerda muchos casos suyos de rebelión (aunque sí algunos, como la vez en que hizo una parada en una tienda de autoservicio, compró una bolsa de papas fritas y se las comió en el estacionamiento. "Nunca había hecho nada parecido", diría más tarde. "Me sentí como una criminal").

En contraste, a los COMPLACIENTES/rebeldes les molestan las expectativas externas y sienten antipatía por las exigencias ajenas. Igual que a los rebeldes, a este tipo de complacientes se les complica contar consigo mismos y reaccionan contra cualquier coerción. Pese a su complacencia, les resulta difícil decir que no, aunque es probable que después sientan antipatía y fatiga, y por tanto más proclividad a rebelarse. Si bien cumplen expectativas, en determinado momento (que podría llegar muy rápido) explotan. Igual que a los rebeldes, les disgusta vivir con rutinas, un calendario fijo y estructura. Uno de ellos me explicó:

Me siento muy presionado a cumplir expectativas ajenas y me provoca mucho disgusto. Eso me resulta extenuante en el trabajo; me rebelo internamente cada vez que recibo un correo en el que se me pide planear un proyecto o hacer algo, pero de todas formas me siento obligado. Aunque sé que la responsabilidad externa me ayuda a establecer hábitos útiles, la idea de crear sistemas de responsabilidad externa hace que se me enchine la piel. Odio que me digan qué hacer.

De la misma manera, algunos integrantes de este grupo dicen "buscar la aprobación de los demás", aunque tienen ideas muy diversas acerca de lo que "deben" hacer. ¿Una persona está obligada a enviar una nota de agradecimiento? ¿A desvelarse si debe entregar el informe mensual? ¿A ofrecerse a realizar una tarea que nadie más está dispuesto a hacer? Algunos complacientes se sienten forzados a hacer esto, otros no.

Algunos se apegan con facilidad a las expectativas. Como me dijo uno de ellos: "Sabes que eres complaciente cuando lo primero que piensas es: 'Resuelve el test de las cuatro tendencias; debes ayudar a Gretchen con su investigación'".

De hecho, algunos aceptan tan fácilmente las expectativas que se sienten forzados a hacer cosas que en realidad nadie espera de ellos: "Todos suponen que haré diapositivas para la reunión" (¿de veras?)". "Es inaceptable que queden platos sucios en el fregadero durante la noche (¿para quién?)." "Todos esperan que yo organice una conferencia (¿es cierto? Y si lo fuera, ¿por qué?)."

Estos individuos sienten una presión enorme para cumplir obligaciones externas que, irónicamente, se han impuesto a sí mismos. Pese a que esas expectativas son creadas por ellos mismos reciben su fuerza del exterior. Como dijo una complaciente:

Cuando creo que se espera algo de mí, es más probable que lo lleve a cabo, por ejemplo, me encargué varias veces de tirar la basura porque a mi esposo se le hizo tarde para ir a trabajar, y ahora se ha vuelto un deber mío... no porque él me lo pida, sino porque supongo que él lo espera, ¡aunque sé que no es así! Lo mismo sucede con la clase de yoga... me forcé a ir en varias ocasiones y ahora no puedo faltar, porque defraudaría a la instructora.

Esta mujer no hace esas cosas porque quiera; se siente obligada con otros, pese a que en realidad no le impongan una expectativa.

En contraste, otros complacientes se sienten mucho menos obligados; no se oponen tanto a la carga de las expectativas o de "agradar a la gente". Si no hay sanciones, no les preocupa cumplir un estándar.

Los complacientes también dependen de su nivel de energía: los de alta energía satisfacen con facilidad las expectativas, mientras que los de baja energía se agotan pronto.

Los complacientes pueden cumplir expectativas internas si crean responsabilidad externa

¿Qué pueden hacer los individuos de esta tendencia para satisfacer una expectativa interna? Esto es simple y fácil, al menos en teoría.

Para satisfacer las expectativas internas, *deben crear estructuras de responsabilidad externa*. Necesitan herramientas como supervisión, multas por retardo, fechas límite, monitoreo y consecuencias, impuestas desde fuera, para cumplir las promesas que se hacen a sí mismos. Para los complacientes, éste es un elemento *crucial*; ni ellos ni quienes los rodean pueden esperar que los impulse una motivación interna o que las consecuencias los convenzan; deben tener una responsabilidad externa.

Una vez que reconocen su necesidad de responsabilidad externa, pueden incorporarla a su vida.

Una lectora me explicó:

> Me he esforzado mucho por establecer buenos hábitos, pero frecuentemente dedico el fin de semana a cuidar a los cinco hijos de mi hermana o a los seis de mi hermano para que ellos puedan salir unos días con sus parejas; sin embargo, esto me ayuda a adoptar una rutina automática de descanso, alimentación y culto religioso. Me pregunté entonces: "¿A qué se debe que cuidar de mis sobrinos cause que mis hábitos mejoren?".

De joven descubrí algo similar. Cuando tenía veintiún años participé con mi comunidad religiosa en una misión de dieciocho meses en la que estuve acompañada todo el tiempo, a toda hora a la vista de todos. Teníamos un horario muy estricto: después de levantarnos rezábamos o estudiábamos, hacíamos ejercicio, y trabajábamos de nueve y media de la mañana a nueve y media de la noche. Me desarrollé muy bien en esa atmósfera.

Estar acompañada representaba una relación instantánea, y como se esperaba que todos los días hiciéramos lo mismo, a la misma hora, esa relación implicaba responsabilidad y monitoreo.

Ahí tuve buenos hábitos de sueño, alimentación, devoción, ejercicio y trabajo, que perdí cuando regresé a casa. Muchas veces deseé tener a alguien con quien pudiera trabajar en lo mismo, al mismo tiempo y con metas idénticas.

La semana pasada estuve acompañada y me levantaba temprano, hacía mis comidas y aseaba la casa. Mis invitados se marcharon esta mañana y me pareció admirable que la cocina estuviera tan limpia, pese a que en los últimos días dediqué a cocinar muchas horas. Después hice de comer, no limpié nada y me sorprendí pensando: "No importa, estoy sola". Me imaginé que algunos de mis sobrinos vendrían más tarde y eso me convenció de asear la cocina.

¿El secreto del éxito? Los complacientes tienen que elegir el tipo de responsabilidad correcto; varían *drásticamente* en cuanto a qué los hace sentir responsables.

Algunos son fáciles de responsabilizar: un correo autogenerado, una app que destaque una tarea inconclusa en una lista de pendientes o una alarma podrían ser suficientes.

En contraste, otros se sienten responsables sólo frente a una o varias personas de verdad. Uno de ellos escribió: "Les dije a todos que ya no tomo azúcar y ha sido sencillo evitarla cuando alguien está presente. Mi único fracaso hasta ahora ocurrió una tarde en la que, inesperadamente, me quedé sola en casa". A un favorecedor, cuestionador o rebelde no le habría importado que no hubiera nadie más en casa, pero para esta complaciente ése fue un elemento crucial.

Otro integrante de este grupo analizó diversos métodos y sus resultados variables:

A sabiendas de que la responsabilidad externa es clave para mí, pasé de "hacer ejercicio" en casa (casi nunca) a inscribirme en un entrenamiento especializado en un centro llamado QiFlow. Debido a la demanda, este gimnasio te exige inscribirte en línea y si suspendes una clase con menos de dos horas de anticipación, te cobra cinco dólares por "cancelación tardía". Curiosamente, lo que me impide suspender mi clase no son esos cinco dólares, sino el espacio vacío que yo debía haber ocupado en una sesión.

De hecho, me impresiona que a muchos complacientes no los vuelva responsables la perspectiva de perder dinero. Una amiga de esta categoría me dijo: "Siempre he querido hacer la prueba con el yoga y llevo años tratando de tomar un curso. Por fin me inscribí... pero sólo fui una vez; aunque era un curso de trescientos dólares".

A lo mejor a algunos de ellos el dinero no los hace responsables porque es suyo; si gastaran el dinero de alguien más, tal vez se responsabilizarían.

Claro que algunos pueden inventar una sensación de responsabilidad "externa" y crear sistemas externos —listas de pendientes, calendarios, recordatorios en su teléfono— que se la transmitan. Por fuera, estos complacientes parecen favorecedores, porque dan la impresión de seguir una expectativa interna; sin embargo, sienten que se les impone desde fuera.

Algunos complacientes creativos incluso pueden fabricar una responsabilidad externa si piensan en sí mismos en tercera persona. "No me siento obligado a hacer cosas por mí ahora", me dijo uno de ellos, "pero me sentiría culpable si no resolviera las necesidades de mi yo futuro. Aunque no me gusta ir al gimnasio, mi yo futuro quiere que me apegue a mi programa de ejercicios, pese a que mi yo presente lo odie."

Sin embargo, la mayoría de los individuos de este grupo no pueden generar responsabilidad externa; tienen que buscar fuentes realmente externas, necesitan sentir la responsabilidad como algo *verdadero*. Uno de ellos comentó:

No reacciono bien a la responsabilidad "falsa". Si debo rendir cuentas a alguien que me hace el favor de ayudarme a alcanzar una meta, sé que no tengo una obligación real con él. Cuando trabajaba en mi tesis de doctorado, me reunía frecuentemente con mi asesora, pero nunca tenía grandes avances que mostrarle. Aunque ambos sabíamos que yo estaba atrasado y que eso le disgustaba, yo sabía también que mi falta de progreso no afectaba su carrera; no había consecuencias para ella, sólo para mí. Al final lo que me sirvió fue buscar un compañero con el mismo problema; ambos teníamos que rendirnos cuentas y yo sabía que, si no avanzaba o no me presentaba, mi colega dejaría de sentirse responsable y abandonaría su trabajo también.

¿Otras variantes? Algunos complacientes —en particular los introvertidos— prefieren modalidades de responsabilidad impersonales, como una app o un coach de paga que se comunique por correo electrónico.

A otros la responsabilidad les funciona mejor cuando es positiva; los recordatorios y supervisión producen una sensación de reproche que podría desencadenar rebelión. A estos complacientes les va mucho mejor cuando la responsabilidad adopta la forma de elogio, aplauso y aliento. Uno de ellos explicó: "Si le pido a alguien que me exija, es como si pusiera mi destino en sus manos, mientras que si pido cierta motivación me siento fuerte y apoyado. El elogio parece además menos indiscreto".

He aquí entonces la pregunta vital: ¿qué pueden hacer los complacientes para crear responsabilidad?

Socio de responsabilidad

Pueden hacer equipo con un socio de responsabilidad: un compañero de clase, entrenador, organizador personal, coach, profesional de la salud, maestro, familiar o amigo. En un estudio, quienes consiguieron un socio en un programa para adelgazar mantuvieron su bajo peso con más éxito que quienes lo hicieron solos.[1]

Algunos complacientes dicen valerse de sus hijos como socios de responsabilidad. Un estudio determinó que cuando un grupo de niños fueron entrenados como "agentes de cambio", sus madres perdieron más peso y realizaron más actividad física que las del grupo de control.[2]

Por desgracia, los socios de responsabilidad informales pueden ser poco confiables: si pierden interés, se distraen o no quieren actuar como vigilantes, el otro se estanca. Una conocida lamentó: "Me altera mucho que mi colega de escritura admita que no ha trabajado en su novela, porque siento que yo tampoco tengo la obligación de escribir".

A veces se tienen socios de responsabilidad a individuos que no siempre cooperan. Por ejemplo, los favorecedores suelen resistirse a ser exigentes con otros. Explicó una favorecedora:

> Mi esposo (complaciente) me desespera; dice que continuará sus estudios, buscará un nuevo empleo, etcétera, pero no hace nada. Yo no le reprocho eso, porque si en verdad quisiera hacerlo, lo haría. Sin embargo, reconozco que eso sería más probable si yo le hiciera algunas recriminaciones, que a él no le incomodarían.

Aunque quizás este complaciente recibiría con gusto esa responsabilidad externa, su esposa no quiere proporcionarla.

Dado lo difícil que puede ser hallar entre amigos y familiares un socio de responsabilidad confiable, a los complacientes podría irles mejor con un profesional. Por ejemplo, los guías —de carrera, salud y vida— pueden brindar una responsabilidad crucial fijando metas concretas, estableciendo fechas límite y vigilando a sus clientes. Como se les paga por hacerlo, no lo descuidan. Esto cuesta dinero, desde luego, pero podría ser también la clave para liberar el potencial de un complaciente.

Grupos de responsabilidad

Quienes no desean pagar a un profesional ni depender de un único socio de responsabilidad podrían sumarse a un grupo o fundarlo. Un grupo de responsabilidad se compone de amigos, familiares, compañeros de trabajo o desconocidos a los que une el deseo común de exigirse unos a otros. Como Alcohólicos Anónimos, comedores compulsivos, los círculos de estudio y los grupos de optimistas. Damos y recibimos responsabilidad, lo mismo que energía e ideas, cuando nos reunimos con otros que siguen nuestra misma dirección.

Muchos prefieren las interacciones frente a frente, pero cuando esto es imposible la tecnología es una herramienta importante. Existen múltiples plataformas, apps y grupos para ayudar a personas a hacerse responsables, entre ellos está Better app, diseñada para facilitar la formación de grupos de responsabilidad de todo tipo. La responsabilidad virtual es más cómoda, aunque menos intensa.

Los complacientes deben tener cuidado al formar un grupo de responsabilidad. Uno de ellos me contó: "Antes de saber que era complaciente, frecuentemente hacía más de la cuenta para formar grupos y mantenerlos unidos; entonces me agotaba y rápidamente me rebelaba. Los individuos de otras tendencias tienen razones distintas para integrarse a grupos; nosotros debemos cuidar con quién nos juntamos".

Un cliente, un colega o un empleado

Los clientes imponen responsabilidad a causa de la naturaleza de la relación que se establece con ellos. Un complaciente me dijo: "Me propuse elaborar un curso de capacitación en línea para acompañar mi podcast sobre autoedición. En mi episodio más reciente ofrecí un ejemplar gratis a los primeros veinticinco oyentes que lo solicitaran; como la gente ya lo pidió, ahora sí tengo que hacerlo".

Otro explicó: "No invitaba a nadie a mi departamento porque nunca estaba limpio, así que decidí invitar a mis amigos y gracias a eso lo aseé. Conocía este patrón antes de que leyera tu libro, pero lo concebía como 'motivación por vergüenza'; prefiero tu término 'responsabilidad externa'".

Una amiga me contó que su complaciente madre logró hacer ejercicio al convertirse en instructora deportiva; yo he hablado con muchos complacientes que buscaron un empleo remunerado o voluntario como estrategia de responsabilidad.

Del otro lado de la moneda, un complaciente podría contratar a alguien para generar responsabilidad. "Yo sigo la estrategia de contratar a un adolescente para limpiar la tienda, desmalezar el jardín y cosas por el estilo", me refirió uno de ellos. "Contratar a alguien me fuerza a establecer una fecha y hora para realizar una tarea. Pagarle a alguien me obliga a tomar en serio el trato y es menos probable que cancele que cuando recurro a un familiar."

Beneficiar a otros

Los complacientes suelen hacer por otros cosas que no hacen por ellos, así que podrían cumplir un propósito si piensan en el beneficio de éste para los demás, no para sí mismos. Por ejemplo, muchos de ellos me han dicho que fueron capaces de separarse de su pareja cuando se percataron de que tenían que proteger a sus hijos. Uno escribió: "Soy contralor de una compañía y para generar responsabilidad relaciono mis compromisos personales con los de trabajo: si duermo bien, trabajaré mejor; si hago ejercicio, tendré más energía y pasaré menos tiempo con el quiropráctico".

Me dijo una complaciente: "Aunque esto choca con mi sensibilidad feminista, todos los días le preparo su lunch a mi novio (e incidentalmente lo hago también para mí), porque si él no contara conmigo yo no mantendría ese hábito".

Las personas de esta tendencia pueden satisfacer una expectativa si la asocian con su deber de ser modelos a seguir. Una de ellas ideó una solución creativa: "Convertí en regla de familia que cuando estoy en casa, cada vez que reviso mi teléfono mis hijos pueden revisar el suyo".

Otros han encontrado maneras ingeniosas de beneficiar a los demás ayudándose a sí mismos. Un complaciente me dijo: "A mi esposa le gusta hacer ejercicio y a mí no, así que acordamos que si yo no me ejercito ella tampoco podrá hacerlo; y yo me sentiría culpable si la privara de eso". Otra mujer explicó: "Mi cuñada y yo hicimos una lista de hábitos de salud; si ambas nos apegamos al plan, ganaremos un día en el spa. El truco es que como somos complacientes ganamos el premio para la otra; si yo no cumplo, ella no obtendrá su día de spa y viceversa. Nos defraudaríamos a nosotras mismas, pero jamás a alguien más".

Los complacientes en ocasiones se sirven del futuro para crear una sensación de responsabilidad. Durante mucho tiempo me intrigó que la gente me dijera cosas como "Llevo este diario por mis hijos, para cuando yo ya no esté" o "Mantengo este jardín como un legado para mis descendientes", porque suponía que nadie querría leer el diario que su padre escribió a lo largo de quince años o que jamás cuidarían de un jardín tan grande. No obstante, ahora veo que la estrategia "Lo hago por mis hijos" ayuda a los complacientes a realizar algo valioso.

A muchos de ellos se les dificulta decir no, pese a que las expectativas los agobien; para superar esa renuencia podrían recordar que decirle no a alguien les permite decir sí a otro. "A mi equipo le agradaba trabajar hasta tarde", me contó un amigo, "y yo no quería defraudarlos. Pero después de que hablé con mi familia acerca de lo mucho que nos gusta cenar juntos, fui capaz de decirle que no a mis colegas, porque de lo contrario les habría fallado a mi esposa e hijos."

Otro complaciente, un distinguido profesor, aceptaba demasiados compromisos hasta que un día pensó: "Si rechazo esta ponencia, le daré a otro la oportunidad de presentar la suya", idea que le permitió declinar varias invitaciones de esa índole.

Como favorecedora, cuando oigo que alguien dice: "Entendí que debo hacer esto para ser un mejor padre/empleado/amigo", pienso: "¡No, hazlo por ti!", aunque lo cierto es que hacer algo por los demás ayuda a los complacientes a hacerlo por ellos mismos.

Otros creativos recursos de responsabilidad

Me maravilla la creatividad de la que hacen gala los complacientes en busca de responsabilidad. Después de que presenté un libro, un joven me contó: "Hago ejercicio con un amigo y al final de cada sesión nos llevamos el calzado deportivo del otro; así, si yo no me presento, él no podrá ejercitarse". Mi recurso preferido es el del complaciente que me dijo: "Quería levantarme más temprano pero vivo solo; creé entonces un vergonzoso mensaje en Facebook, y uso Hootsuite para que se publique todos los días a las ocho mañana, a menos que me levante a tiempo para desactivarlo".

Sea cual sea la tarea que el complaciente desee realizar y el temperamento que posea, existe algún medio para que cree responsabilidad externa. Un maestro de música me escribió: "Dispongo de muchas sugerencias para ayudar a mis alumnos complacientes a no abandonar la práctica: participar en una banda u orquesta (lo cual es muy efectivo si el chico toca un instrumento especial, como el clarinete bajo en un cuarteto); servir de mentor a un joven; organizar sesiones de ensayo en duetos, de tal forma que la ausencia de uno perjudicará al otro, o determinar, mediante algún familiar, que el complaciente no podrá hacer algo de su gusto hasta que haya practicado".

Vale la pena repetirlo: para satisfacer sus expectativas internas, los complacientes necesitan una fuente de responsabilidad externa.

Considérese el caso de William Shawn, el legendario editor de *The New Yorker*. En las memorias de Lillian Ross, *Here But Not Here*, él parece ser un complaciente en toda la extensión de la palabra.

Shawn era un influyente y destacado editor que vivía con su esposa y sus tres hijos y quien durante cuarenta años, con el conocimiento de su familia, tuvo también un hogar con Ross.

Aunque su vida era ideal a primera vista, Ross asegura que él se sentía atrapado en su papel como editor —habría preferido escribir sus propios textos—, creía estar obligado a permanecer en su puesto porque "nadie más podía mantener viva la revista. [...] Yo no podía abandonar a todas esas personas". Ocasionalmente le decía a Ross: "He vivido la vida de otro". A pesar de que tenían una relación apasionada, él dividía su vida entre dos hogares. Ross escribió: "Acepté que él no podía dejar a Cecille. [...] Ella lo quería presente a costa de todo".

¿Cómo habría podido Shawn forjar la vida que deseaba? Si hubiera firmado un contrato con una editorial, habría dispuesto fechas límite y responsabilidad, y así podría haber publicado su propio libro. Si hubiera dicho: "Debo dar a mis subordinados la oportunidad de probarse", habría delegado algunas funciones de la revista. Si le hubiera dicho a Ross: "Necesito que me ayudes a poner fin a mi matrimonio", podrían haberlo hecho... juntos.

Cuando la responsabilidad externa desaparece

A propósito de la responsabilidad externa, muchas veces he leído el argumento de que instituciones autoritarias como el ejército destruyen la autodeterminación de los individuos. En su autobiografía, *World Within World*, el poeta Stephen Spender comenta: "Igual que a la mayoría de los soldados, el ejército lo disciplinó tanto que consiguió destruir cualquier capacidad de autodisciplina que haya poseído algún día. Fuera del ejército carecía de voluntad y propósito, que le habían sido impuestos mediante castigos y agobiantes ejercicios".

Creo que Spender no comprende del todo la dinámica. Sospecho que cuando una institución aporta demasiada responsabilidad externa, no destruye la autodisciplina de los complacientes; sólo vuelve innecesario que éstos desarrollen sistemas personales para ejercer esa responsabilidad. En la vida diaria, muchos complacientes se percatan de que precisan de responsabilidad para triunfar; cuando una institución aporta responsabilidad externa, ellos no tienen ese deber, y una vez libres de las expectativas de la institución suelen tener complicaciones.

Verse liberados de expectativas externas claras —fijadas por un puesto corporativo, un programa de capacitación, una orden religiosa o una escuela— puede ser un riesgo para los individuos de esta tendencia. Quizás hayan sido muy productivos y hayan adoptado buenos hábitos mientras se encontraban en un medio que les aportaba responsabilidad externa, pero podrían paralizarse —sin saber por qué— si esas expectativas desaparecen. Uno de ellos escribió: "En mi empleo anterior estaba a cargo de un equipo numeroso y mi capacidad para lograr lo que fuera se volvió legendaria. Aun así, cuando decidí trabajar por mi cuenta, sin empleados bajo mi responsabilidad, comencé a tener problemas para cumplir".

En ese mismo sentido, un amigo que se desempeña en el campo de la educación me contó: "En algunas escuelas muy estrictas se les dice a los chicos lo que deben hacer: cómo vestir, de qué modo trabajar, cómo pasar su tiempo, y a algunos les va muy bien en ese entorno, pero se desmoronan cuando llegan a la universidad".

Quizás eso se deba a muchos factores, aunque me pregunto si uno de ellos será que los complacientes no reciben la responsabilidad que necesitan hasta que llegan a la universidad, donde tal vez sienten que a nadie le importa lo que hacen.

O bien, pasar la universidad y vagar sin rumbo después de graduarse. Planes como "En el otoño solicitaré mi ingreso a la escuela de medicina", "Enviaré mi currículum", "Escribiré una novela" o "Pediré una beca" quizá se reduzcan a nada en ausencia de clases a las cuales asistir, trabajos que entregar, calificaciones por obtener o profesores a los cuales agradar.

De igual forma, un complaciente que deja un empleo de tiempo completo por un emprendimiento personal podría estancarse, otro podría paralizarse entre un empleo y el siguiente, alguien más podría sentirse perdido una vez que sus hijos han abandonado el hogar.

¿La solución? Responsabilidad externa.

Cómo pueden los complacientes manejar los pros y contras de su tendencia

Algunos individuos de esta tendencia la aceptan completamente; la ven como una virtud y una fortaleza.

Por ejemplo, muchos de ellos caracterizan su conducta como "El cliente es primero", un motivo de orgullo. Uno me dijo con notoria certeza: "Siempre estoy a disposición de mis clientes, pase lo que pase. Ésta es mi ventaja. Así quiero ser y ésa es la actitud que deseo en quienes trabajan conmigo". Otro coincidió: "Soy un magnífico 'pistolero a sueldo'. Considero sagradas mis responsabilidades con la compañía, a mis colegas y los clientes, superiores por encima de mis necesidades".

Esta actitud prevalece en el trabajo y el hogar. Muchos complacientes me han dicho, también con gran satisfacción: "Las necesidades de mi familia son primero".

Es un hecho que un sinfín de dogmas religiosos enfatizan el modo de ser del complaciente.

Pero aunque algunos de ellos aprecian su tendencia, lo cierto es que tienen más probabilidades que los favorecedores, cuestionadores o rebeldes de afirmar que les gustaría no ser complacientes. ¿Por qué?

Gran parte de la frustración que las otras tres tendencias producen recae en los demás. Pese a que a la gente puede exasperarle el rigor de los favorecedores, el afán inquisitivo del cuestionador o la inconformidad de los rebeldes, es su problema. Los complacientes, en cambio, son los más afectados por los aspectos negativos de su tendencia; frecuentemente les desconcierta su capacidad para cumplir las expectativas ajenas y no las propias.

Uno de ellos escribió: "Aunque no tengo dificultades para cumplir mis deberes en el trabajo y soy un excelente amigo siempre dispuesto a ayudar, al final suelo preguntarme: '¿Qué hiciste hoy para realizar tus sueños?', y la respuesta por lo común es un rotundo 'nada'".

A algunos a quienes les hago ver que la responsabilidad externa es la clave para satisfacer las expectativas externas no les alivia descubrir una solución tan sencilla; lamentan depender de un sistema de responsabilidad exterior.

Mientras yo daba una charla sobre las cuatro tendencias, un complaciente preguntó: "¿Un individuo de este grupo no puede volverse favorecedor? A mí me gustaría atenerme a mis expectativas, no depender de la responsabilidad externa, lo que parece debilidad". "Es muy difícil", respondí con cautela: "si en verdad es posible cambiar un aspecto fundamental de tu naturaleza, y muy fácil hallar el modo de darte responsabilidad externa, ¿por qué no sigues el camino fácil?"

Antes que fijarse en los aspectos negativos de su tendencia, los complacientes pueden buscar formas de contrarrestarla con responsabilidad.

Los complacientes interpretan las mismas acciones de maneras distintas, según su perspectiva. Uno dice: "Aunque tengo nueve kilos de más, nunca hago ejercicio y debería ir al dentista, lo cierto es que consigo que todo marche bien en la oficina y soy un excelente esposo y padre, siempre atento a su familia, así que me siento bien conmigo mismo". Alguien más asegura: "Pese a que todo marcha bien en la oficina y soy un excelente esposo y padre siempre atento a su familia, tengo nueve kilos de más, nunca hago ejercicio y debería ir al dentista, así que me siento mal".

Sea que celebren o lamenten su tendencia, los individuos de esta categoría suelen interpretar equivocadamente sus patrones de conducta. Y aunque entienden que satisfacen las expectativas externas y no las internas, hacen un diagnóstico errado.

Algunos lo atribuyen a su dedicación e ímpetu. "No hago nada por mí si puedo hacer algo por mis clientes, y siempre puedo hacer algo por ellos."

Otros se toman con orgullo lo lejos que son capaces de llegar para cumplir expectativas. Una lectora me dijo lo siguiente acerca de su jefa: "El médico le ordenó permanecer en el hospital, pero ella se marchó después de su operación de la columna para asistir a una cena de trabajo. Siempre hace cosas así".

Otros más atribuyen su conducta a la abnegación. "Satisfago las prioridades de los demás a expensas de las mías", "No tengo tiempo para mí", "La gente dice que debería ser más egoísta". O bien, suponen que su comportamiento se debe a baja autoestima, falta de motivación o alguna deficiencia de carácter.

Un amigo que aplazaba la ejecución de tareas que lo harían avanzar en su carrera me dijo: "Soy flojo, ése es mi problema".

"¡No es cierto!", protesté: "Cumples todas tus fechas límite y perteneces a un club de atletismo, ¿no es verdad?" "Sí", admitió con renuencia. "Tu problema no puede ser la pereza, es otra cosa."

El patrón de esta tendencia no se debe a abnegación, autoestima, límites, motivación, búsqueda de la aprobación de la gente o disciplina, sino que es cuestión —lo digo una vez más— de responsabilidad externa.

Dado que es común que no comprendan su conducta, los complacientes se exponen a un error grave: creen que si se liberan de una pesada expectativa externa —un empleo muy demandante, por ejemplo—, les sería fácil responder a sus expectativas propias.

¡Cuidado! En la mayoría de los casos la ausencia de expectativas externas no ayuda a estas personas a satisfacer las internas. Como me dijo una de ellas: "Tratar de hacer espacio para sus metas no le da resultado a un complaciente. Yo cometí ese error durante años".

Es crucial que estos individuos reconozcan tal necesidad de responsabilidad externa; de lo contrario, podrían hacer grandes cambios en su vida con la esperanza de cumplir expectativas internas sin que esto ocurra nunca. Por ejemplo, una lectora escribió en mi blog:

> Tengo un doctorado (gracias a mis numerosas cualidades como complaciente), pero tras cinco años de escribir sobre cosas muy importantes —para todos menos para mí— estaba tan cansada que decidí tomar tiempo para mis metas. Quería bajar de peso, escribir mi segundo libro, comenzar un blog, encargarme de un proyecto y terminar las remodelaciones de mi casa. Hasta la fecha no he empezado el libro ni el blog, he subido seis kilos y he renunciado al proyecto,

pero el de la casa se desarrolla muy bien, porque sé lo feliz que hace a mi esposo verlo avanzar.

Otro complaciente refirió una experiencia muy similar después de su retiro:

> Luego de una exitosa carrera de veinticinco años en el servicio público y habiendo educado, junto con mi esposa, a nuestras dos hijas, ansiaba retirarme, para tener la oportunidad de ocuparme de mis intereses y actividades. Sacrifiqué incluso algunos ingresos a cambio de retirarme con cinco años de antelación.
>
> Casi de inmediato descubrí que no me sentía motivado a realizar actividades que creía que disfrutaría: asistir a cursos, ir al gimnasio, hacer algunas mejoras en la casa.
>
> Conseguí algo: inscribirme en un club de excursionismo; hacía largas caminatas casi todos los miércoles y sábados por la mañana. Ahora entiendo que la clave es la expectativa externa: saber que la gente me espera me permite prepararme la noche anterior y salir de casa a las siete. No obstante, mi repetido fracaso en mis demás metas personales me desanimaba cada vez más. ¡Qué alivio saber ahora de las cuatro tendencias! Por fin podré encontrar la manera de hacer todas esas cosas.

Alguien me dijo: "Los complacientes cuidamos a los demás antes que a nosotros mismos". Tuve que contenerme para no gritar: "¡No, no!", conservé la calma y repuse: "No creo que ustedes se queden sin tiempo ni energía por cuidar a otros, sino que cumplen las expectativas externas y no las internas; eso es muy distinto".

Tan pronto como comprenden el verdadero patrón de su

tendencia, los complacientes pueden resolver cómo aprovechar sus fortalezas y compensar sus debilidades. Uno de ellos me dijo: "Ahora que sé que soy un complaciente, permito que mi naturaleza mi guíe en lugar de ir contra ella".

Cómo distinguen los complacientes entre las expectativas externas e internas

A pesar de que los individuos con esta personalidad responden a las expectativas externas y se resisten a las internas, las perciben de modos diferentes, distinción que también puede cambiar de acuerdo con las circunstancias, la familia por ejemplo.

Para muchos complacientes, su pareja o familia cuenta como parte de ellos mismos, de tal forma que sus expectativas se vuelven "internas" y por tanto son ignoradas. Una cuestionadora desilusionada me escribió: "Mi esposo me trata tan mal como a sí mismo, no es broma; me gustaría que fuera mejor con él *y* conmigo".

Mi hermana, Elizabeth, me dijo: "He descubierto que si tenemos que hacer algo, como enviar un cheque a alguien, es preferible que yo le mande a Adam el correo de referencia en vez de uno mío. Si la petición llega de fuera, es más probable que él reaccione".

En ocasiones, el contexto determina si un individuo de la familia es "interno" o "externo". Un amigo mío es complaciente y un padre atento que suele ver como expectativa externa su responsabilidad con sus hijos y cumplirla al instante. Sin embargo, se dedica al servicio al cliente y cuando sus obligaciones de negocios entran en conflicto con las familiares, el cliente se impone, por ser el más "externo".

La cambiante naturaleza de lo interno sobre lo externo puede causar dificultades en un matrimonio. Una lectora me escribió:

> Soy complaciente y en mi relación matrimonial surgen conflictos cuando estamos con otras personas, pues paso entonces de agradar a mi esposo a agradar a los demás. Esto lo confunde; está acostumbrado a que complazca sus caprichos. Lo trato como me trato a mí misma, lo cual quiere decir que sus necesidades/exigencias pasan a segundo plano respecto a las de los demás. ¡La cantidad de peleas que hemos tenido sin llegar siquiera al meollo del asunto!

Del mismo modo, si un complaciente estima que sus expectativas familiares son "internas", otro integrante de su familia no será una fuente eficaz de responsabilidad externa.

Un complaciente, hombre de negocios muy exitoso, me contó: "Mi esposa me dijo durante años: 'Date tiempo, ve al gimnasio, haces demasiado por la compañía, debes ir al doctor, bla, bla, bla...', y nunca la tomé en cuenta, ¿quién tiene tiempo para esas cosas? Un día, el presidente del consejo me dijo: 'Ed, nos aguardan grandes cosas este año, pero da la impresión de que vas a sufrir un infarto en cualquier momento. Demasiadas cosas dependen de ti. Baja de peso, haz un poco de ejercicio, descansa, ve al médico'. Y lo hice".

Como comprender la rebelión del complaciente y protegerse de ella

Es común que las personas de esta clase se sientan explotadas... *y lo están*. Porque, después de todo, cuando tenemos que pedirle ayuda a alguien, ¿a quién recurrimos: a un favorecedor, cuestionador, rebelde... o complaciente? A este último, desde luego, porque es el probablemente nos tenderá la mano. En su ensayo "The Rage Cage", Caroline Knapp narra una historia propia de complacientes:

> Una amiga me pidió que sacara a su perro, un favor que aunque parece insignificante me enfureció. Sus razones para pedírmelo me enfadaron: su pareja tenía influenza, lo cual quería decir que ella había sacado al perro dos veces el día anterior; además, tenía que hacer un trabajo escolar, así que sacarlo dos veces más ya era demasiado. Mientras me decía esto, pensé: "Un momento: yo saco a mi perro dos veces diarias y cumplo a tiempo todos mis compromisos, de manera que esta petición es ridícula y ofensiva para mí". No obstante, en lugar de decirle que se las arreglara como pudiera, me doblegué: pasé por el animal a las seis y media de la mañana, lo llevé a trotar diligentemente, lo devolví a sus dueños y el resto de la semana me sentí hipócrita, explotada y molesta.

Si aquella vecina le hubiera pedido ese favor a un favorecedor, cuestionador o rebelde, habría obtenido un no por respuesta. Como favorecedora, yo habría pensado: "Lo siento, tengo mis propias responsabilidades que enfrentar". Un cuestionador habría preguntado: "¿Por qué tengo que pasear a tu perro si yo estoy más ocupado que tú?". Y un rebelde habría pensado: "No quiero hacerlo, así que no lo haré". He aquí la cuestión: la vecina sabía que debía pedírselo a alguien complaciente, porque ésos son justo los buenos vecinos que te ayudan a salir de un apuro y sacan a pasear a tu perro, pese a que tengan el suyo, trabajo que hacer y fechas límite que cumplir.

Las demás tendencias no sólo desconocen que un complaciente se siente forzado a cumplir las expectativas de los demás, sino que también suelen no comprender sus motivos. Mientras que el complaciente juzga admirable su acción —"Pongo las necesidades de los demás antes que las mías"—, los demás podrían no verlo así. Los favorecedores, cuestionadores y rebeldes dicen cosas como "Si para ti es importante tocar la guitarra todos los días, deja de decir que lo harás y hazlo", "Si no quieres hacer esa tarea, ¿por qué la aceptaste?", "Dices que debemos asistir a todas las cenas con los clientes, pero no estoy de acuerdo y no iré".

Estas actitudes provocan que los complacientes tiendan a sentirse molestos y no apreciados. Es probable que consideren egocéntricos y egoístas a los favorecedores y cuestionadores, cuyo "yo", que son las expectativas internas, radican en el núcleo de lo que hacen. Los rebeldes también les parecen egocéntricos, aunque por razones distintas.

¿Otra razón de que los complacientes suelan sentirse agotados y explotados? Con frecuencia les cuesta trabajo delegar ciertas tareas. Por algún motivo, deben encargarse de una tarea particular, que no puede asignarse a otra persona. Piensan: "Nadie más llevará a cabo esto, así que me corresponde hacerlo a mí" o "Nadie puede hacerlo tan bien como yo".

Tras mencionar en una charla este aspecto, un señor se me acercó y me dijo: "Mi esposa es una complaciente y tú describiste algo que me vuelve loco. Ella insiste en que invitemos a toda su familia a la cena de Acción de Gracias, y después se queja de lo que tuvo que hacer para recibirla: la cocina, el aseo. Pese a que yo le digo: 'Contratemos un servicio de banquetes y personal de limpieza', ella se niega ¡y luego quiere que le ayude!, cuando a mí no me gusta cocinar ni hacer el aseo. Le digo: 'Si no quieres cansarte, no invites a tanta gente o págale a alguien para que realice el trabajo. Pero si la invitas y decides hacerlo tú misma, ¡deja de quejarte! Y no me pidas hacerlo por ti'".

Le ofrecí una sugerencia: "Podrías decirle: 'Si te ocupas de tantas cosas, no tienes tiempo para atender a tu familia y hacerla sentir bienvenida. La vemos unas cuantas veces al año; contratemos un par de personas que nos ayuden, para que tú puedas concentrarte en tus invitados' o 'Cocinar te cansa y luego estás distraída y exhausta y es comprensible que te pongas de mal humor. Hagamos de esa festividad una ocasión más agradable para todos y contratemos un servicio de banquetes; no me decepciones y sigue mi sugerencia'".

Un amigo me explicó en qué forma su esposa lidia con su forma de ser complaciente. "Mi esposa me comprende a la perfección. Convencido de que debo podar el pasto, siempre aplazaba ese deber, que detesto y porque frecuentemente trabajo los fines de semana, así que ella se enfadaba y yo me negaba a recurrir a un servicio de jardinería. Un día llegó a casa y me dijo: 'Le pedí al hijo del vecino que pode el pasto; necesita dinero para la universidad'. Ahora no quiero fallarle a ese chico".

Este rasgo es común en las oficinas. A los complacientes se les dificulta decir que no y delegar, lo que puede generar cuellos de botella y fatiga. Deben estar alerta a este patrón y buscar delegar o manejar tales responsabilidades.

Como tienden a sentirse relegados o explotados, los individuos de este grupo en ocasiones exhiben un patrón nocivo muy peculiar. Si la implacable presión externa los agobia, *pueden llegar a la rebelión y resistirse a cumplir una expectativa*, frecuentemente en forma drástica y sin previo aviso. En la rebelión del complaciente, una persona que hasta ese momento ha satisfecho las expectativas que se le presentan de repente decide: "¡No más!", y se rehúsa a seguir.

La rebelión del complaciente puede ser un acto ocasional o un patrón sistemático de conducta; asimismo, puede adoptar la forma de negativas menores y casi imperceptibles, o de explosiones drásticas y trascendentales.

En sus reveladoras memorias, *Open*, el astro del tenis Andre Agassi demuestra ser un complaciente clásico que padece la rebelión característica de su tendencia. Aunque es capaz de cumplir las expectativas ajenas (las exigencias de su padre de destacar en el tenis; el deseo de su novia, Brooke Shields, de casarse), se resiste a cumplir las propias. Se revela de forma limitada y simbólica, como desafiar la tradición del tenis usando shorts de mezclilla y dejándose largo el cabello, acciones que él mismo describe como "subversiones contra la falta de opciones en mi vida". Su caso es una demostración de la enorme energía y éxito que los complacientes pueden alcanzar y del resentimiento que pueden albergar por creer que trabajan sólo en beneficio de las expectativas ajenas.

A propósito de atletas complacientes famosos, Tiger Woods experimentaba también una versión espectacular de la rebelión propia de esta tendencia. Repetía a su círculo íntimo que quería dejar el golf para trabajar en operaciones especiales de la Marina; persuadido por ellos de que debía satisfacer sus expectativas como astro del golf, se rebelaba después.

Muchas expectativas pueden detonar la rebelión del complaciente:

- demasiado ambiciosas: "¡Este año romperás el récord de ventas!".
- injustas porque los demás no hacen su parte: "Ya que estás en eso, ¿podrías revisar también mi informe?".
- acompañadas de humillación: "Es vergonzoso ver lo desordenada que está tu habitación".

- que son reproches o reprobaciones: "¿Hoy irás al gimnasio, por fin?".
- que implican tareas desagradables o poco gratificantes: "Tienes que empezar a hacer ventas por teléfono".
- que privan al complaciente de un mérito personal: "Has bajado de peso gracias a que hiciste lo que te dije".
- impuestas por personas difíciles de complacer o que no le importan al complaciente: "Si esto es lo más que puedes hacer, no nos queda otro remedio que enviárselo al cliente".
- con un resabio de subestimación o explotación: "Esta noche volverás a quedarte hasta tarde, ¿verdad?".
- que son demandas ajenas a las verdaderas intenciones del complaciente: "Con tus aptitudes para la ciencia, serás un gran médico; deberás asistir a la escuela de medicina".
- que son el colmo: "Reduciremos personal, así que ahora tendrás que ocuparte de diez clientes más".
- que causan sentimientos de culpa o vergüenza: "Tendrás que anunciar a todos tu nivel de azúcar en la sangre".

Estos episodios de rebelión suelen intrigar a los complacientes mismos. No comprenden su conducta, no pueden controlarla, creen que actúan movidos por su carácter. Uno de ellos describió esa rebelión como "el gran 'no' que destroza mi vida por un tiempo".

Otro relató:

Soy un ambicioso candidato a un doctorado en biología molecular y pese a que estoy a sólo un año de graduarme he entregado, por primera vez en mi vida, trabajos terminados a destiempo o hechos sin convicción. Siento como si mi cuerpo hubiera sido invadido por un extraterrestre. He empezado a hacerme preguntas como "¿Por qué actúo así?", "¿Qué cambió?", o la más temible y honesta "¿Por qué me interesa este doctorado?". Saber que soy un complaciente me ayudó a ver que he perseguido el doctorado principalmente para cumplir las expectativas externas de mi esposa, familia, amigos y asesores académicos, no mis metas genuinas.

Como ilustra este comentario, la rebelión del complaciente puede hacer erupción no sólo cuando él se siente explotado, sino también cuando se percata de que cumple expectativas fijadas por otros y que no son realmente satisfactorias.

¿Cuáles son los factores que contribuyen a la rebelión del complaciente? Frecuentemente no protesta por una situación preocupante o injusta, por ejemplo una mala distribución del trabajo, la explotación, que no sean reconocidos sus méritos ¿Por qué no se queja? Porque cree que no debería protestar; supone que los demás tendrían que darse cuenta por sí solos de lo opresivas que son las cargas que le imponen y de que deben liberarlo de ellas sin que nadie tenga que decírselo. O sea, *el complaciente espera que los demás dejen de imponer sus expectativas y que le tengan consideración sin que sea necesario pedirlo.* Pero como esto no ocurre comúnmente, al complaciente le enfurece que los demás impongan esas pesadas expectativas que, sin embargo, él no ha objetado.

¿Por qué los demás no se moderan? Como ya se indicó, para los individuos pertenecientes a las otras tendencias las expectativas externas no pesan tanto como para los complacientes, así que ellos no saben que la carga que imponen es abrumadora; además, tienen sus propias formas de resistirse a esas expectativas y suponen que los complacientes lo harán también: "Si no querías hacerlo, ¿por qué lo aceptaste?", "Si ni siquiera puedes cumplir tu fecha límite habitual, ¿por qué accediste a asumir esa labor extra?"

Cuando se rebela, el complaciente no les da a los demás la oportunidad de remediar una situación, sino que se subleva. Esta rebelión puede inducirlo a dejar un empleo —e incluso matrimonios y amistades— sin previo aviso. Uno de ellos recordó:

> Mis rebeliones han sido calladas, fulminantes y permanentes. Dos amistades, un trabajo y un matrimonio se han ido por la borda. Siento como si se activara un interruptor. Luego de meses de cumplir las que yo consideraba expectativas irracionales y no apreciativas en mi trabajo, un lunes llamé a mi empleador y esa misma tarde renuncié. No quería discutir, pese a que me preguntaron: "¿Qué podemos hacer para que te quedes?".
>
> "Para mí ya están muertos": así es, incluso si se trata de un matrimonio que duró dieciocho años. Después de mucho tiempo de sostener esa relación, una mañana desperté completamente seguro de que todo había terminado y no habría marcha atrás.
>
> Aunque no lamento ninguna de esas rebeliones, agradezco tener ahora un marco conceptual que me permita ver el beneficio de advertir las señales de alarma. Y que también me facilite reconocer que mi disposición a agradar, a esforzarme al máximo en favor de otros, conlleva ese riesgo.

Desde luego que una persona de cualquier tendencia podría tomar la decisión de poner fin a una relación, pero en el caso del complaciente eso sucede en forma abrupta; esta persona no deja de cumplir expectativas irracionales hasta que "estalla". Una de ellas describió así esta rebelión: "Soy una bomba que explota de repente, sin tomar en cuenta la devastación". Otras emplean palabras como "cocer a fuego lento", "fermentar", "corroer", "hervir", "hacer erupción" y "volcán" para describir las sensaciones que acompañan a su rebelión.

Pese a que la rebelión puede ser muy radical, se presenta también en forma de actos simbólicos o pequeños guiños. Un complaciente me escribió: "Tengo un compañero de trabajo que me pone siempre en evidencia si llego unos minutos tarde. Esto me enoja tanto que a veces espero un minuto en el coche en lugar de llegar corriendo. No me gusta nada llegar tarde, pero me enfurece que él lo diga. Entre más lo dice, menos puntual soy".

Una curiosa nota al margen: llegar tarde de manera deliberada es una modalidad popular de la rebelión del complaciente. De hecho, alguien me envió el link de esta camiseta de lujo, muy apropiada para complacientes en rebelión:

[Perdón por llegar tarde. Es que no quería venir.]

Mientras algunos individuos de este grupo canalizan su rebelión en actos que, aunque insolentes, no producen mucho daño, otros se autosabotean. Uno de ellos explicó:

> Hago algo que me lastima a mí, no a quienes me piden, exigen o aconsejan que lleve a cabo tal o cual cosa. Por ejemplo, he acudido a presentaciones o entrevistas sin la debida preparación. Es como si agradara al mismo tiempo que me sublevo: no perjudico a nadie sino a mí mismo.

En ocasiones esta rebelión abarca una zona completa de expectativas, frecuentemente en el contexto de la *salud*. Un complaciente me escribió:

> Cuando se trata del trabajo; la iglesia u otras organizaciones voluntarias; las interacciones sociales, y el cuidado de los niños, tiendo a hacer lo que se espera de mí. No obstante, al menor indicio de expectativa, obligación o restricción cuando se trata de bajar de peso o ejercitarme hace que salga corriendo. ¡No sabes cuánto dinero he derrochado en gimnasios y clínicas de reducción de peso!, sólo para dejar de ir al gimnasio o abandonar el programa y haber subido unos kilos.

La salud es un blanco tan reiterado de la rebelión del complaciente, quizá porque se trata de un área en la que otros presionan, regañan y amonestan, de modo que las expectativas parecen impuestas desde fuera pese a que las consecuencias recaigan por completo en los complacientes.

Cuando estudié los resultados de la muestra representativa, me sorprendió descubrir que ellos son igual de proclives que los rebeldes a aprobar el enunciado "Mi médico me ha dicho por qué es importante que haga cierto cambio en mi vida, pero no lo he hecho". Es fácil deducir el motivo de que los rebeldes rechacen las "prescripciones médicas", pero no que los complacientes lo hagan. Pienso que esto se debe a dos factores: el primero, que ellos no siempre tienen la responsabilidad que se necesita para hacer ese cambio; segundo, tal vez se rebelan contra una expectativa de salud.

Pero aunque en ocasiones perjudica la salud, felicidad y éxito de las personas, la rebelión es también una forma importante de *autoprotección*. Puede ser una salida de emergencia vital; permite al sujeto librarse de ese odioso empleo, cónyuge insoportable, relación difícil o pesada obligación. Es la válvula de seguridad que alivia el exceso de presión que abruma al individuo.

Por lo general, el periodo de rebelión es corto, incluso si nada cambia. Sin embargo, resulta preferible sustraerse de ella y ayudar a los complacientes a evitar el agotamiento y el resentimiento.

¿Qué puede hacerse entonces con la rebelión del complaciente?

Una vez que éste reconoce su patrón de conducta, puede reducir la presión, buscar señales de acumulación de resentimiento y *decir algo como* "¿Podríamos revisar cómo se distribuyeron los cambios?", "Ya estoy en tres comités", "Uno solo no puede atender las necesidades de dos niños este fin de semana, así que tendremos que repartirnos".

Como los complacientes son tan susceptibles a la fatiga, quienes los rodean —familiares, amigos, colegas, profesionales de la salud, etcétera— deben ayudarles a evitar ese estado. Podemos establecer sistemas que los alienten a decir no, delegar, hacer una pausa, rechazar peticiones, darse tiempo para sí mismos, etcétera. Una cuestionadora me escribió:

Mi prometido es un complaciente y frecuentemente da la impresión de que hacemos muchas cosas que me gustan a mí y pocas que le gustan a él. Ahora, para ser más justos, nos sentamos los sábados por la mañana para hacer una lista de las tres o cinco cosas que queremos hacer el fin de semana y nos empeñamos en lograr esa meta. Él ya expresa lo que desea y hemos creado la responsabilidad que necesita, porque debe aportar opciones para nuestra lista.

Cuando los complacientes se rebelan es necesario aligerar la carga de expectativas pero, paradójicamente, podrían precisar expectativas externas para conseguirlo. Si un gerente ve que un complaciente está sobrecargado de trabajo, podría quitarle algunas responsabilidades o reprender a sus compañeros por abusar de él.

Dado su dramatismo, la rebelión del complaciente aparece comúnmente en la ficción y el cine; el ejemplo más famoso es quizás el clásico navideño *It's a Wonderful Life* (¡Qué bello es vivir!). George Bailey (James Stewart) es un complaciente que cumple las expectativas externas, no las internas. Significativamente, cuando por fin se rebela, lo hace contra él mismo y se arroja de un puente; por desgracia, la mayoría de sus semejantes no tienen un ángel como Clarence que les ayude. George Bailey ilustra también el patrón común del complaciente de creer que debe cumplir personalmente cierta expectativa. ¿Por qué su hermano menor, Harry, no puede dirigir la Bailey Building & Loan, según lo acordado? O si Harry no quería hacerlo, ¿por qué no ayuda a resolver ese asunto?

RESUMEN: COMPLACIENTE

PROBABLES FORTALEZAS

Buen jefe, líder sensible, participante consciente de equipos

Siente la enorme obligación de satisfacer las expectativas de los demás

Responsable

Dispuesto a hacer siempre un esfuerzo adicional

Reacciona a la responsabilidad externa

POSIBLES DEBILIDADES

Susceptible al exceso de trabajo y la fatiga

Puede exhibir el destructivo patrón de la rebelión

Explotable

Podría albergar resentimiento

Se le dificulta decir no o poner límites

8. El trato con un complaciente

"No digas tanto que sí"

Trabajo • Cónyuge • Hijos • Paciente • Elección de carrera

El trato con un complaciente en el trabajo

Los complacientes son, en muchos casos, excelentes colegas y jefes. Hacen lo que tienen que hacer, brindan apoyo cuando otros necesitan ayuda, se ofrecen para ejecutar tareas opcionales y son flexibles cuando las cosas deben cambiar.

Responden a las expectativas que las situaciones laborales requieren de modo casi ineludible, con fechas límite, evaluaciones y entregas. En el extraño caso en que la responsabilidad no aparece en forma natural, es crucial proporcionarla. Sutiles exhortaciones a hacer algo no suelen tener efecto.

Un amigo escritor que es un complaciente me contó esto: "Cuando firmé el contrato para escribir un testimonio personal, le dije a mi editor: 'No puedo escribir nada si no me comprometo a hacer entregas parciales; ponme varias fechas límite'. Pero él replicó, con tono comprensivo: 'No te preocupes, el libro va a ser maravilloso, lo harás muy bien, bla, bla, bla'. "¿Y qué pasó?", le pregunté. "Escribí todo en las tres semanas previas a la fecha única; lo habría hecho mucho mejor si hubiera empezado antes."

Por una consideración mal entendida, ese editor se negó a asignar una responsabilidad; si hubiera comprendido que el autor es un complaciente, habría seguido otro método.

Cuando, en cualquier contexto, la gente requiere responsabilidad, debe obtenerla; la pide porque sabe que la necesita. Un complaciente me refirió: "Le hice saber a mi supervisor que necesito un jefe enérgico y exigente; así hago más cosas y trabajo mejor".

Como estas personas conceden tanto valor a satisfacer las expectativas externas, es común que se abuse de ellas, y cuando se sienten explotadas y agotadas pueden rebelarse, lo cual es difícil de manejar por gerentes y supervisores. Una de ellas me dijo:

> Soy enfermera, y en mi unidad hay constantes problemas de personal a causa de las llamadas de los enfermos, los turnos intensos, etcétera. Llevo tres años ahí, y como mi jefa sabe que algunas de nosotras somos complacientes, abusa de eso y nos pide constantemente que cubramos turnos extra. Esto es muy frustrante, porque varias compañeras que pidieron "permiso por enfermedad" se la pasan navegando todo el día en Facebook mientras las demás trabajamos. Por mucho tiempo ayudé a mi unidad, pero acabé tan cansada que ahora estoy en completa rebelión y siempre digo que no.

Como ilustra este ejemplo, los complacientes suelen no decir que no, hasta que se niegan rotundamente, lo cual puede representar un problema grave.

Dado que con frecuencia son empleados muy valiosos, resulta crucial que los gerentes velen por ellos y quieran impedir que se rebelen, se harten y se marchen sin previo aviso.

Para evitar esa rebelión, un jefe, empleado o compañero puede ayudar a los complacientes a establecer límites:

—**Recuérdales que decir "no" les permite decir "sí" a la labor más importante:** "Necesito tu informe para el viernes, pero si sigues dejándote arrastrar a reuniones ajenas no cumplirás con esa fecha".

—**Fija límites para impedir el agotamiento y la rebelión:** "Tienes derecho a vacaciones y yo me encargaré de que las tomes".

—**No permitas que los demás los exploten:** "Todos los miembros de este equipo estamos sujetos a la misma fecha límite, así que debemos hacer por igual nuestras responsabilidades".

—**Déjales ver que son un modelo a seguir:** "Si te quedas hasta las nueve de la noche darás un mal ejemplo a tus compañeros".

—**Quítales responsabilidades si asumen demasiadas:** un amigo que dirige una sociedad de servicios financieros me contó: "Tengo un empleado muy valioso, el mejor; todos quieren trabajar a su lado porque los hace quedar bien, pero es insostenible que siga diciendo que sí a todos. En la última revisión le dije: 'Haces demasiadas cosas muy bien, y te lo digo como una crítica sincera'. Él no podía delegar, no lograba dar marcha atrás, así que le quitamos una cuenta muy grande y ahora se desempeña mucho mejor".

Los complacientes suelen ser magníficos jefes y líderes visionarios, gracias a que se sienten muy obligados con su organización, son sensibles y responsables. Sin embargo, podrían no comprender cómo piensan quienes no comparten su perspectiva. Uno de ellos me escribió: "Soy complaciente, y como gerente me resulta difícil que los demás me digan que no o cuestionen todo". Manejar a personas diferentes a nosotros es un auténtico reto y el primer paso consiste en reconocer esa diferencia.

Su inclinación a cumplir expectativas externas puede meter en líos a los jefes complacientes. Un amigo favorecedor me platicó sobre su frustración en un nuevo empleo. "Mi jefa es una complaciente extrema", dijo. "Es la directora, pero lo deja todo por ayudar a un cliente o empleado y eso daña nuestra productividad; nunca terminamos nada."

Los integrantes de este grupo enfrentan desafíos particulares cuando quieren desempeñarse solos. Aunque es probable que sean muy productivos en la oficina, cuando intentan trabajar por su cuenta podrían estancarse, debido a la falta de responsabilidad externa. Así, si quieren poner un negocio deben establecer desde el principio un sistema de responsabilidad. Ésta puede proceder de un coach de negocios, un mentor, sus clientes, empleados o becarios (incluso si no les pagan... todavía), un grupo de donde sea, siempre que provenga del exterior.

Una vez establecidos como emprendedores, es posible que a los complacientes se les facilite cumplir los compromisos externos de su trabajo —fechas límite de los clientes, declaración de impuestos, atención telefónica— pero que se les compliquen las tareas de generación interna, como establecer redes, ampliar la clientela o negarse a peticiones que consumen su tiempo o a clientes muy demandantes. Como de costumbre, la solución es buscar sistemas externos de fechas límite y establecimiento de fronteras.

El trato con un cónyuge complaciente

Los individuos que pertenecen a esta tendencia son maravillosos cónyuges porque otorgan mucho valor a satisfacer las expectativas de los demás. Sin embargo, es importante que su pareja conozca los patrones que los caracterizan.

Por ejemplo, si una persona complaciente le pide a su cónyuge que sea su socio de responsabilidad, éste deberá brindársela o buscar la manera de aportarla. Una complaciente me explicó: "Hago ejercicio todos los días gracias a que mi esposo siempre me anima cuando llega a casa. Si dejo de hacerlo un día me alienta tanto que eso me estimula a ejercitarme al siguiente. La salud es importante para él y esto me obliga a cumplir. Es una locura, porque aunque ya adopté el hábito, quiero hacerlo sólo porque él me lo pide".

La pareja puede ayudar también a un complaciente a prevenir el agotamiento y la rebelión, propias de su tendencia, si le brinda la responsabilidad externa necesaria para que restrinja su sentido del deber. "Deberías tomar una siesta; hazlo por mí."

Una mujer me dijo: "Mi esposo se ofrece a cuidar a los niños para que yo pueda ir los sábados en la mañana a una clase de spinning que me encanta, pero por alguna razón no lo hago". El esposo podría decirle: "¿No te gustaría dar un buen ejemplo a los niños y apegarte a ese compromiso de salud?" o "A los chicos y a mí nos agrada pasar solos un rato cada semana". Apelar a sus valores ayuda a los complacientes a entrar en acción.

Una oyente de mi podcast me escribió:

El descubrimiento de que mi esposo es un complaciente ha sido una verdadera revelación para mí. Es fantástico,

porque él es muy bueno, pero ahora sé que debo "proteger" sus compromisos personales. Si se lo pido, dejaría fácilmente un compromiso de ese tipo por ayudarme. Ahora
debo cuidar que no abandone nada importante. Su exespo-
sa se aprovechaba de él, así que yo prefiero ponerle límites.

Al "ponerle límites" —ayudarlo a decir no (incluso a ella misma) e impedir que otros lo exploten—, esta mujer ayuda a
impedir que ese complaciente caiga en una posible rebelión.
Quienes rodean a estos individuos pueden prevenir su rebelión si se adelantan a ella. Si alguien hace un largo viaje de negocios y deja a su pareja complaciente a cargo de sus tres hijos,
al volver debería decirle algo como: "Te agradezco tanto que te
hayas encargado de los niños que quiero que te tomes el fin de
semana para recuperarte; ocúpate de tus cosas, yo los cuidaré".

Como se siente tan presionado a satisfacer las expectativas externas, la pareja de un complaciente debe evitar hacer
comentarios casuales que podrían resultar abrumadores. Una
mujer no debe decirle a su esposo: "Deberías entrenar al equipo de beisbol de la liga infantil".

El trato con un hijo complaciente

A mi modo de ver, con frecuencia es difícil saber si un niño es
complaciente o no. Las personalidades de los cuestionadores
y rebeldes son extremas, por lo que tienden a declararse muy
pronto, pero los niños no son tan autónomos como los adultos y éstos controlan su vida en alto grado, así que podría ser
complicado precisar las características de un complaciente.

Cuando resulta claro que un niño pertenece a esta tendencia, el padre puede considerar que chicos así —y todos los

demás individuos de esta categoría— reaccionan a la responsabilidad. Si uno de ellos debe practicar el piano, sería útil que dispusiera de un horario de prácticas que el maestro o los padres revisaran con él. Los recordatorios amables también resultan útiles: "Son las cuatro, hora de tu ensayo", o bien el maestro debería explicar: "Se nota si ensayaste o no".

Si un hijo complaciente desea satisfacer una expectativa interna, sus padres deben ayudarle a crear un sistema de responsabilidad externa para reforzarla. Un padre recordó: "Mi hija quería enseñarle a su perrito infinidad de trucos y le dije: '¡Perfecto! Inscribámoslo este año en la exposición canina de la feria estatal'".

No obstante, hay que evitar expectativas demasiado elevadas: "¡Fantástico! Inscribámoslo en la exposición canina, ¡estoy seguro de que ganará el primer premio!", porque el chico podría sentirse presionado y acabar rebelándose.

Sin embargo, es todavía más importante confirmar que los chicos complacientes no se empeñen en agradar a los demás (sus padres incluidos) al punto de sentirse abrumados o de perder de vista lo que los hace plenos y felices.

Como en todos los demás contextos, cuando los jóvenes requieren responsabilidad es esencial brindársela. Después de dar una conferencia, una mujer me contó: "Mi hija no dejaba de decirme: 'Voy a presentar una prueba para ser admitida en el posgrado y quiero tomar un curso', y yo le respondía: 'Puedes comprar los libros y estudiar tú sola'. Ahora me doy cuenta de que ella tenía razón, debió tomar ese curso".

Quienes piden responsabilidad saben que la necesitan.

El trato con un paciente complaciente

Esta tendencia es la más numerosa, lo cual quiere decir que los profesionales de la salud tratan a muchísimos complacientes. En general, éstos se benefician cuando un médico, enfermera, fisioterapeuta, nutriólogo, entrenador, coach o maestro monitorea su progreso. Un instructor físico, por ejemplo, podría decirles a sus alumnos que recibirán un correo electrónico si faltan a una clase, que él lleva un registro de asistencia o que se decepcionará o se molestará si los complacientes no se presentan.

En una ocasión di una plática sobre las cuatro tendencias para los entrenadores de un popular gimnasio de Nueva York. Al terminar, una entrenadora me dijo: "Para generar empatía con los clientes, se nos pide que llamemos a cada persona por su nombre siempre que sea posible". "¡Qué buena idea!", reconocí. "Pero me doy cuenta de que puedo hacer algo más. Cuando la gente se iba, yo antes le decía: 'Te veo la próxima semana'; ahora le diré: 'Te espero aquí la próxima semana'. De esta forma, sentirá que la espero." "¡Brillante!", exclamé.

Como siempre, cada vez que alguien pide responsabilidad es aconsejable dársela, si es posible. Un individuo de este grupo relató: "Le dije a mi dentista: 'Exíjame que cumpla mi promesa de usar hilo dental. Si en la próxima cita mi boca está en mal estado, ¡dígamelo!'. Ella se rio pero estuvo de acuerdo. Desde entonces uso el hilo dental todas las noches".

Cada año llegan al mercado más dispositivos, apps y servicios para ayudar a la gente a hacerse responsable de su salud. Aunque todos esos recursos pueden ser muy efectivos, es importante ajustar un sistema de responsabilidad a un complaciente. A algunos de ellos les basta con recibir un correo que les recuerde tomar su medicina o usar un dispositivo para monitorear su ejercicio diario; otros necesitan una app que les cobre una multa por no hacerlo. En Better app, la gente puede formar fácilmente grupos de responsabilidad para generar esa sensación de responsabilidad externa. La mayoría se beneficia de tener que responder a alguien.

Las investigaciones demuestran que muchos pagan por un aparato que los comprometa. De hecho, si yo fuera entrenadora les diría: "Nuestra política es que si alguien cancela una sesión, a menos de veinticuatro horas antes de la hora prevista, se le cobrará de todas formas; si lo prefiere, le cobraremos el triple". Varios complacientes me han dicho que optarían por el cobro triple.

Es común que los individuos con esta personalidad hagan por los demás algo que no hacen por sí mismos; por ende, es más probable que sigan instrucciones de salud si se les recuerdan los beneficios que implican para otros. Una complaciente me escribió:

Tengo seis meses de embarazo y durante cinco tomé sin falta mis vitaminas prenatales todos los días, por la salud de mi bebé. Hace un mes leí un artículo que explicaba que él no se queda nunca sin vitaminas, porque las toma de las reservas de la madre, así que las pastillas son más bien para la salud de ella. Ahora que las asocio con mi salud y no con la del bebé, apenas recuerdo tomarlas cada tercer día.

Aunque quienes rodean a los complacientes deben proporcionarles una responsabilidad útil, también tienen que evitar desencadenar su rebelión. No deben presionarlos ni fastidiarlos, ni establecer metas demasiado ambiciosas para ellos, sino ayudarles a sentirse alentados, apoyados y responsables, con límites razonables. Claro que esto es más fácil decirlo que hacerlo.

Elección de carrera como complaciente

Las personas de esta categoría pueden hacer bien casi todo, mientras tengan una responsabilidad externa y se protejan de su rebelión. Al elegir una carrera, deben recordar que tienen éxito en situaciones de trabajo que brindan responsabilidad externa. Una de ellas explicó:

> Hace poco me cambié a una carrera más apta para complacientes. Comencé como investigador y al principio me fue muy bien, cuando mi supervisor de doctorado me obligaba a hacer buenas investigaciones y escribir trabajos notables. Sin embargo, cuando pasé a etapas donde la única obligación era conmigo misma y mi investigación, las cosas se me complicaron. Recientemente dejé la investigación por un puesto como maestra y me encantó; cada día me ofrece la oportunidad de cumplir las expectativas de otros.

Un jefe complaciente explicó: "Mis semejantes encajan perfecto con la cultura de mi organización, dirigida por su misión y centrada en el trabajo en equipo".

Cuando toman decisiones de carrera, los complacientes deben evitar que, con el afán de cumplir las expectativas ajenas, descuiden sus propias aspiraciones. Como ésta es la esencia de esta tendencia, sus individuos deben identificar sus deseos internos y desarrollar estructuras externas que les exijan rendir cuentas para alcanzarlos. Si no lo hacen, podrían avanzar demasiado en una trayectoria profesional inadecuada, lo que suele incitar su rebelión.

Aunque en las circunstancias correctas los complacientes pueden triunfar en prácticamente cualquier carrera, muchos me han dicho que su perspectiva es casi un requisito en profesiones como derecho corporativo, trabajo social, administración financiera y medicina.

Después de una charla que di ante un grupo de personas de negocios, una de ellas me dijo: "Ahora que conozco las tendencias, contrataré sólo a complacientes; quiero empleados que cumplan las expectativas del trabajo, cualesquiera que sean. ¿Podrías decirme cómo detectar eso en el proceso de contratación?". Este comentario me desconcertó un poco; no creo que esa persona tomara en cuenta los intereses de los complacientes.

RESUMEN: EL TRATO CON UN COMPLACIENTE

Satisfacen sin demora las expectativas externas pero se resisten a cumplir las internas.

Conceden alto valor a cumplir sus compromisos con los demás.

Tienen éxito cuando poseen responsabilidad, supervisión, fechas límite, y otras formas de compromiso, como el deber de ser un modelo a seguir.

Podrían tener problemas para poner límites a las exigencias ajenas.

Suelen no poder delegar, porque sienten que algunas expectativas les corresponden sólo a ellos.

Deben contar con sistemas de responsabilidad externa para poder cumplir las expectativas internas.

Pueden ser explotados por personas que se aprovechan de ellos y por eso...

Podrían sentirse molestos o extenuados, en cuyo caso...

Necesitan apoyo de personas que aligeren sus expectativas, o de lo contrario se rebelarán.

REBELDE

No puedes obligarme; yo tampoco

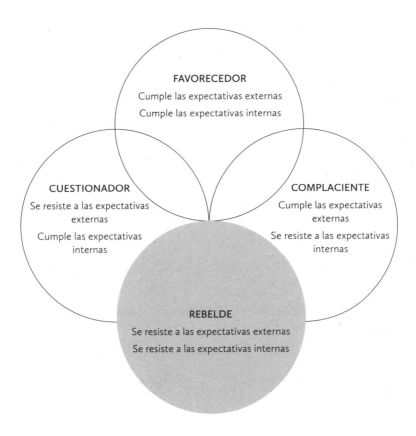

FAVORECEDOR
Cumple las expectativas externas
Cumple las expectativas internas

CUESTIONADOR
Se resiste a las expectativas externas
Cumple las expectativas internas

COMPLACIENTE
Cumple las expectativas externas
Se resiste a las expectativas internas

REBELDE
Se resiste a las expectativas externas
Se resiste a las expectativas internas

"Es muy difícil cuando debo, pero muy fácil cuando quiero hacerlo."

"QUE LOS PUENTES QUE QUEMO ILUMINEN MI CAMINO."

"No eres mi jefe."

**"Hago las cosas a mi modo:
una bendición y una maldición."**

"Es más fácil pedir perdón que pedir permiso."

"Hago lo que quiero."

"PORQUE ME DA LA GANA."

"No mires, salta."

"LAS REGLAS SON PARA ROMPERSE, SIEMPRE QUE ÉSTA NO SEA UNA REGLA."

"La libertad es mi disciplina."

"No puedes obligarme; yo tampoco."

*"Lo hago con gusto
cuando no tengo que hacerlo."*

9. Descripción del rebelde

"Es muy difícil cuando debo, pero muy fácil cuando quiero hacerlo"

Fortalezas (y debilidades) • Debilidades (y fortalezas) • Variaciones de la tendencia • Cómo puedes influir en los rebeldes para que cumplan una expectativa • Cómo pueden influir en ellos mismos • Por qué podría atraerles una vida muy sistematizada

Todos los días, cada uno de nosotros enfrenta expectativas externas e internas y debe decidir: "¿Tengo que satisfacer esta expectativa o puedo resistirme a ella?".

Para los rebeldes, la respuesta es clara: se resisten a todas las expectativas, externas e internas. Quieren hacer lo que les plazca, a su manera y a su ritmo, y si alguien les pide que hagan algo, se resistirán. Ni siquiera les gusta decirse *a sí mismos* lo que deben hacer; se oponen a las expectativas impuestas desde dentro con el mismo vigor que a las impuestas desde fuera.

Les gusta actuar a partir de una sensación de elección, libertad y expresión individual. Despiertan y piensan: "¿Qué tengo ganas de hacer en este momento?". Se resisten al control, incluso al autocontrol, y suelen disfrutar desobedeciendo reglas, expectativas y convenciones.

No les convencen argumentos como "La gente cuenta con que hagas esto", "Te pagaron para que lo hagas", "Yo hice esto, ¿tú harás aquello?", "Esto es importante para mí, así que necesitamos hacerlo", "Las cosas deben ser así", "Tienes una cita", "¡Dijiste que lo harías!", "Es más eficiente de este modo", "Incomodarás a alguien", "Eso va contra las reglas", "Es una tradición", "Ésa es la fecha límite" o "Es una descortesía".

Son mucho más propensos a reaccionar si se les dice: "Esto va a ser divertido", "Es lo que quieres", "Me pone nervioso, ¿crees que puedas hacerlo tú?", "Me parece importante, ¿tú qué opinas?". Pueden hacer todo lo que *deseen* hacer.

Para ellos, la posibilidad de elegir es tan esencial que a veces toman una decisión —aun si es contraria a su interés o diferente a la que preferirían— sólo para reafirmar que *pueden* hacerlo.

En mi estudio, cuando pregunté a las cuatro tendencias cómo se apegaban a sus buenos hábitos, los rebeldes solían contestar: "No acostumbro atarme a nada en particular".

De las cuatro tendencias, ésta es la menos numerosa. Es un grupo notorio pero reducido.

Fortalezas (y debilidades)

Los rebeldes hacen algo porque *deciden* hacerlo y, por tanto, son libres de muchas de las presiones que las demás tendencias enfrentan.

Les agrada enfrentar retos, siempre que lo hagan a su manera. Un emprendedor rebelde me explicó:

> Los desafíos me estimulan. ¿Crees que no puedo poner un negocio? ¡Ya verás! Cada vez que me oigo decir "No puedo" o "Jamás podría" siento el impulso de intentarlo. Me sorprende cuántas cosas *imposibles* he acometido sólo para demostrarme que sí podía hacerlas. Pese a que considero que sería peligroso, y ciertamente manipulador, "retar" a

un rebelde a hacer lo correcto, admito que tal cosa surtiría efecto en mí.

Los rebeldes también obtienen un enorme placer desafiando las expectativas de la gente. Como me dijo uno de ellos: "Desde que alguien me comentó que podían asaltarme en el parque que está cerca de mi casa, voy más seguido a pasear ahí. Quizás éste no sea el mejor ejemplo de un hábito sano, pero funciona". Un rebelde que dejó el alcohol refirió: "Muchos me decían que nunca dejaría de beber y ahora me encanta restregarles en la cara que lo logré y demostrarles que estaban equivocados". De hecho, en mi encuesta los rebeldes se inclinaron más a aprobar el enunciado "No me molesta infringir las reglas ni violar las convenciones; frecuentemente lo disfruto".

Cuando hacen lo que quieren, es común que los rebeldes hagan su máximo esfuerzo, en especial si existe un elemento "Te lo voy demostrar". Una representante de este grupo escribió:

El test indicó que yo era rebelde, y al principio pensé que eso no podía ser cierto. Compito en físicoconstructivismo y mi vida está regida por la dieta y el ejercicio. Pensé: "Es imposible que un rebelde viva así". Sin embargo, hago eso enteramente porque quiero y justo como me gusta hacerlo. Lo hago, pese a que mi esposo no lo entienda, mis amigas lo juzguen extraño e implique demasiado esfuerzo. Me gusta ver la cara de la gente cuando le digo que soy físicoconstructivista (luzco delgada, no musculosa) o cuando les cuento que por un tiempo fui mecánica en la Marina. Me emociona desafiar expectativas. La rebelde en mí parece ahora demasiado obvia.

Los individuos con esta personalidad desafían fácilmente costumbres y convenciones. Por ejemplo, he conocido a varias parejas rebeldes en las que la esposa es el sostén del hogar, y cuando leí un artículo en el *New York Times* sobre patrones matrimoniales, de cuidado del hogar e ingresos, pensé en ellas. Ahí se informaba que "las esposas que ganan más [que ellos] también hacen muchas más labores domésticas y atienden más a sus hijos, quizá para hacer sentir a su esposo menos amenazado, afirmaron los economistas".[1] Se me ocurre que tal vez esos hombres sean rebeldes a los que les tiene sin cuidado la convención social que dicta que deben ganar más que su esposa y quienes, según su tendencia rebelde, no se sienten muy inclinados a efectuar aburridas y rutinarias tareas domésticas. Esto no es cuestión de masculinidad; es cuestión de tendencia.

Ser rebelde es muy valioso a veces para la sociedad. Señaló un cuestionador: "Lo mejor de los rebeldes es su voz discordante. No debemos echarlos de las escuelas o la cultura corporativa ni ridiculizarlos; están ahí para hacernos bien a todos". Muchos "rebeldes con causa" se valen de su espíritu para defender los principios y propósitos en los que creen. Explicó uno de ellos: "Siempre me he sentido impulsado a desafiar a la autoridad. Uso mis cualidades para bien. Me he opuesto a las reglas, y en ocasiones las he infringido deliberadamente, en nombre de otros a quienes se les han aplicado en forma injusta". Cada vez que me entero de personas que siguen un camino poco convencional —como la primera mujer que trabajó en un pozo petrolero—, pienso: "Mmm, debe ser rebelde".

Uno de ellos me dio una elocuente explicación de su rebeldía:

Un rebelde es una fuerza de la naturaleza, un superestrella. No precisa de listas de pendientes, rutinas, reglas ni hábitos para hacer las cosas. En cambio, su necesidad de buscar una causa, algo en lo que realmente creer y por lo cual luchar, es vital; esta creencia interior es tan fuerte que soportará cualquier presión externa. Un rebelde cree en su singularidad, incluso en su superioridad; sin duda, en él hay un aspecto de arrogancia. Pero si los rebeldes encuentran una causa, se comprometerán con ella.

En una reveladora elección de vocabulario, un rebelde orgulloso de serlo se refirió a los demás como "brutos".

Los individuos de esta tendencia conceden muy alto valor a la autenticidad y la autodeterminación, y desean que su vida sea una expresión genuina de sus valores. Otros (en especial los complacientes) pueden considerar liberador rodearse de rebeldes, quienes tienen muy claro lo que quieren y no temen rechazar obligaciones.

Les gusta establecer su propia manera de hacer las cosas, que es muy peculiar. Justo antes de que una amiga me presentara a un conocido suyo, me susurró al oído: "Sólo para que lo sepas, prefiere chocar los puños". "¿Que qué?", me pregunté y, en efecto, cuando le di la mano él extendió su puño para que lo chocáramos; no iba a saludar de mano como los demás. El hijo rebelde de una amiga mía se resistió a solicitar su ingreso a la universidad, hasta que se informó sobre escuelas internacionales que nadie conocía; y solicitó entusiasmado su ingreso una vez que descubrió su camino.

Los rebeldes se desenvuelven inmejorablemente en ausencia de toda expectativa. Una integrante de esta tendencia me contó que obtuvo sus mejores calificaciones durante su último semestre en la preparatoria, cuando ya había sido admitida en una universidad, y en su último año en ésta, cuando ya tenía un empleo en espera. Otro me dijo: "Estoy escribiendo un libro y lo terminaré antes de buscar un editor, porque tan pronto como lo tenga y me dé una fecha límite, no querré escribirlo".

Como favorecedora, he aprendido mucho de estudiar a mi "contrario", el rebelde. Ellos me han enseñado que *somos más libres de lo que creemos*. Si yo me negara a levantarme todos los días antes de las diez de la mañana, mi familia y colegas lo aceptarían; si decidiera usar pantalones y zapatos deportivos el resto de mi vida, me saldría con la mía.

Somos más libres de lo que creemos.

Debilidades (y fortalezas)

Aunque esta tendencia aporta muchos beneficios, a los rebeldes y al mundo, también es cierto que éstos suelen exasperar a los demás (y a sí mismos).

Si a uno de ellos se le pide que haga algo, es muy probable que se resista, reacción que puede causar problemas con cónyuges, profesionales de la salud, padres, maestros y empleadores. Entre mayor sea la presión, mayor será la resistencia del rebelde. Yo me reí cuando una amiga rebelde me dijo: "No permito que nadie me diga qué debo hacer. Hace poco recibí un correo cuya línea de asunto decía: 'Lee esto, por favor', y lo borré de inmediato".

Estas personas se resisten prácticamente a todo lo que perciben como un intento de control, sea algo tan simple como el timbre de un teléfono, una invitación a una fiesta o una conversación de pie. Tal respuesta ocurre pese a que comprendan que su resistencia a veces es autodestructiva, contraproducente o contraria a sus necesidades. Una de ellas me dijo: "A pesar de que el azúcar me provoca cierta repulsión, a veces la como porque me rehúso a que haya algo que no pueda hacer".

Otra escribió: "Comencé a tomar Ritalin en la preparatoria, para mi trastorno de déficit de atención, y aunque mi concentración aumentó drásticamente, pensaba: ¿Con qué derecho esta medicina controla mi personalidad? ¿Puedes simplemente hacer que me vaya mejor en la escuela, justo como quiero? Mi concentración mejoró, pero mis calificaciones no".

Un estudiante de leyes rebelde me escribió:

Tengo una vida muy exitosa, aunque siempre en oposición a las normas. Como estudiante de leyes, todos esperan que trabaje la noche entera y viva en la biblioteca; por tanto, cada tarde trabajo en una cafetería. En la escuela a la que asisto se espera que los alumnos ingresen a despachos corporativos, porque son los que ofrecen los empleos mejor remunerados; por tanto, me especializaré en derecho constitucional.

Sin embargo, en algunas situaciones mi tendencia rebelde me mete en dificultades; hace meses que debí haber presentado una propuesta y además me he ausentado de gran número de eventos y cursos "obligatorios".

Esta descripción ilustra una importante paradoja: en su resolución de ser libres, los rebeldes pueden terminar bajo control ajeno. Este alumno se especializará en derecho constitucional no porque eso le interese, sino para contravenir la expectativa de estudiar derecho corporativo. La rebelión es lo contrario a la sujeción, pero no siempre es precisamente libertad.

Recordé este aspecto de la rebeldía cuando alguien me dijo: "La presión tiene en mí el efecto opuesto al buscado. Si intentas convencerme de que haga algo, automáticamente me sublevaré y me negaré a hacerlo". No se daba cuenta de que *sí* responde a las expectativas de los demás, sólo que en la dirección contraria.

A los rebeldes les gusta hacer las cosas a su ritmo, y si alguien los apresura es probable que se resistan y tarden más. Las personas a su alrededor podrían acusarlos de emplear "tácticas dilatorias", pero ellos no necesariamente son reacios a emprender una labor; sólo se rehúsan a que los manden. El hecho es que exhortarlos a efectuar algo hará menos probable que lo hagan.

Desde luego que esta tendencia puede ser muy frustrante para quienes los rodean.

Una complaciente recordó una situación con su rebelde esposo:

> Yo intercedía por él si no podía concluir o iniciar una tarea. Una vez esperé seis meses a que terminara un proyecto, y al final sentí que habría sido más fácil hacerlo yo. Decía que no todo podía hacerse a mi ritmo. En otra ocasión emprendió una pequeña mejora en la casa que debería haberle llevado dos semanas y tardó más de un año. Cada vez que yo mencionaba ese asunto, se enojaba. No le gustaban mis expectativas, que consideraba controladoras, y a mí no me agradaba ese proyecto inconcluso.

Cuando me enteré de esto, pensé: "Quizás ese trabajo tardó tanto justo *porque* ella insistía en que lo hiciera rápido".

Los individuos de esta tendencia se rehúsan a ajustarse a un horario. Ver algo en su agenda hace que se sientan atrapados, y cuando proyectan planes suelen cancelarlos a última hora.

Se resisten a hacer tareas repetitivas y aburridas —como sacar la basura o ir de compras—, a menos que las consecuencias sean serias. Muchos de ellos dicen recurrir al pago automático de cuentas, y cuando no pueden permitírselo pagan para delegar obligaciones rutinarias. Asimismo, han aprendido que cuando se niegan a hacer algo, otros lo harán por ellos.

Por supuesto que cuando *debemos* hacer algo, lo hacemos, incluso los rebeldes. Frecuentemente, sin embargo, cuando ellos deben hacer algo, hallan una forma muy propia de hacerlo. Le pregunté a una amiga rebelde cómo pagaba a tiempo sus cuentas y me contestó sin chistar: "Las pago cuando estoy en la oficina, mientras debería estar trabajando". Cuando otro amigo rebelde asiste a reuniones forzosas, resuelve crucigramas en su iPad —a la vista de todos—; su organización puede obligarlo a acudir a la reunión, pero no a escuchar.

Pese a que comprendan el motivo de una restricción, a los rebeldes puede serles difícil aceptarla. Uno de ellos me dijo: "Aunque llevo casado cinco años y quiero mucho a mi esposa, tengo un problema con la monogamia. No me gusta que la gente me diga lo que no puedo hacer; me gusta disfrutar de todas las experiencias y alcanzar todo mi potencial, lo que significa estar con más de una persona" (se divorció tiempo después).

Los rebeldes se niegan frecuentemente a aceptar etiquetas y ser limitados por ellas, incluso si son acertadas. Por ejemplo, algunos cambian de casa o trabajo con frecuencia para no sentirse atrapados por una identidad. Otros adoptan una oposición directa a algo que se establecieron a sí mismos, porque no quieren atarse a una visión particular; se rehúsan a hacer algo que se les pidió porque no quieren sentirse forzados a actuar, ni siquiera por sus propias palabras. Por lo general, no les interesa la reputación o gozan de que se les considere difíciles o diferentes (como muchos otros aspectos de todas las tendencias, éste puede ser una fortaleza y una debilidad).

Se resisten a cualquier sistema en el que otro decida lo que pueden hacer. Yo he notado un patrón interesante: cuando se trata de ingresar a *una escuela*, solicitan hacerlo sólo en una; saben adónde van y no desean que un comité de admisión decida su futuro.

A pesar de que se resisten a la imposición de expectativas, algunos gustan de imponer las suyas a los demás. Como comentó una vez Samuel Johnson, con cierta aspereza: "Se ha observado que aquellos que claman estridentemente por la libertad no son quienes más la conceden".

Una rebelde escribió (con notable desdén por sí misma): "Quiero que otros hagan lo que quiero; así como yo quiero hacer lo que quiero".

Al tratar con rebeldes, es crucial aceptar que la rebeldía forma parte profunda de su naturaleza; no es una etapa ni algo que superarán cuando *maduren.*

Un lector me escribió un correo desolador: "Es indudable que todos al final nos damos cuenta de que no podemos hacer lo que queremos; los adultos no podemos actuar así". Los adultos sí *podemos* actuar así y los rebeldes siempre lo hacen, para bien o para mal.

Variaciones de la tendencia

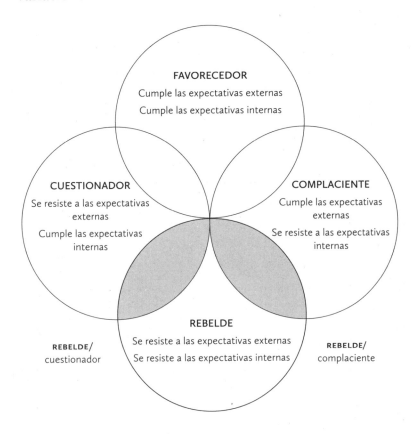

Como todas las tendencias, ésta se vincula con otras dos: el cuestionador (quien, como el rebelde, se resiste a las expectativas externas) y el complaciente (quien, como aquél, se resiste a las expectativas internas). Sea que se inclinen hacia el cuestionador o el complaciente, esto influye mucho en la conducta de los rebeldes.

Los REBELDES/cuestionadores se concentran en la satisfacción de sus deseos más que en la resistencia a las expectativas externas; el espíritu de resistencia no deja de ser intenso, pero a estas personas les interesa hacer lo que desean más que

desafiar a los demás. Tienen pocas dificultades para rehusarse a sus propias expectativas; como comentó una de ellas: "Si
no hay nada contra qué sublevarme, no tengo ningún problema. A nadie le importa si voy al gimnasio, así que iré siempre.
Me gusta esforzarme si eso me beneficia a mí; no cuando tengo que hacerlo por los demás".

En contraste, los REBELDES/complacientes poseen una
fuerte dosis de desobediencia: repelen, evitan el control. Las
tendencias del complaciente y el rebelde se oponen por igual
a las expectativas internas, estado que fomentan el resentimiento y la resistencia. Por eso tienden a insistir: "¡No puedes obligarme a hacerlo!", aun si *quieren* hacerlo. Por ejemplo,
en su ensayo "I Refuse to Be a Grown-Up", publicado en *The
Atlantic*, la escritora REBELDE/complaciente Elizabeth Wurt-
zel declaró: "Hago lo que quiero, no lo que los demás quieren
que haga; y a veces no hago lo que quiero, porque otro quiere que lo haga".

Aun si este tipo de personas quieren hacer algo, la aprobación o aliento de los demás podría incitar su resistencia a
hacerlo. Una rebelde me explicó que la atención de sus padres
interfirió con sus hábitos: "Si intento adoptar hábitos saludables (levantarme temprano, comer sano), descubro que me
rehúso y al final fracaso porque siento la silenciosa aprobación de mis padres ¡y entonces no quiero hacerlo!".

En suma, los REBELDES/cuestionadores piensan: "Hago
lo que decido hacer"; los REBELDES/complacientes: "Me niego
a hacer lo que alguien me dice".

Desde luego que la tendencia rebelde se combina con
otros rasgos de personalidad. Un rebelde muy apreciado por
los demás se comportará distinto al que no lo es tanto. Uno
ambicioso vivirá diferente a otro a quien no le importen los
logros profesionales. La rebeldía de algunos es enérgica y pro-

vocadora; la de otros parece más bien agresividad pasiva: una renuencia callada y conformista a hacer lo que los demás quieren que hagan.

A algunos de ellos les gusta ser rebeldes. Uno declaró:

> He realizado cosas que otros pensaban imposibles. Los rebeldes cambiamos las reglas del juego, somos revolucionarios y resolvemos problemas con originalidad. Siendo un rebelde, provoco que los demás salgan de su zona de confort y de las reglas establecidas, de cómo "deberían" ser las cosas.

No obstante, aunque los complacientes son los más inclinados a decir que les gustaría pertenecer a otra tendencia, los rebeldes les siguen. Varias personas que dicen ser "rebeldes renuentes", me han comentado que se sienten aisladas, frustradas, o en conflicto. Una de ellas me explicó:

> Envidio a otras tendencias. Siento que todos los que me rodean están más satisfechos y asumen mejor que yo la adultez. Me frustra no llevar a cabo mis grandes ideas. Soy muy creativa y recientemente obtengo casi todo mi dinero de la fotografía; pero siento la presión de asumir más trabajo y asumir este papel. Esa sola idea hace que no quiera tomar una cámara nunca más. Me preocupa odiarla si me concentro en ella.

Cuando entienden su patrón rebelde, estos individuos pueden manejar sus inconvenientes y forjarse una vida más fácil y más feliz.

Cómo puedes influir en los rebeldes para que cumplan una expectativa

Los integrantes de esta tendencia hacen lo que les place, por sus propias razones. Si alguien les pide que hagan algo, es probable que se resistan, así que quienes los rodean deben evitar encender su espíritu opositor, lo cual es muy difícil de hacer.

Un rebelde quiere pensar en todo momento: "Fue idea mía", y de hecho muchas personas me han dicho: "Controlo a los rebeldes haciéndoles creer que todo es idea suya".

¿Cómo podemos trabajar más constructivamente con los rebeldes? Para decirlo en pocas palabras, ellos reaccionan idealmente a la *información, consecuencias y elección*. Debemos darles la información que necesitan para tomar una decisión informada, alertarlos de las consecuencias de las acciones que podrían emprender y permitirles que elijan sin sermones, insistencias ni intimidación.

- Un padre podría decir: "Si una persona sale en un día soleado y caluroso, se insolará. La insolación duele mucho —la piel se ampolla y se resquebraja— y la persona debe quedarse en casa mientras sus amigos juegan afuera. ¿Quieres usar el filtro solar o preferirías ponerte una gorra y una camiseta de manga larga?".
- Un maestro podría decir: "Para salir de la preparatoria, los alumnos deben realizar cien horas de servicio social. Los que comienzan a hacerlo en su primer o segundo año tienen más proyectos para elegir y pueden escoger cuándo hacerlos. Cuanto más tiempo pasa, menos opciones hay. Yo he sabido de alumnos de último año que tuvieron que sacrificar sus vacaciones de primavera porque debían dedicar ese tiempo a hacer

su servicio. Mi puerta está abierta siempre que quieras elegir un proyecto de este tipo".

- Un cónyuge podría decir: "A causa del apretado horario de los niños, algunas actividades deben calendarizarse con mucha anticipación. Si a las familias del grupo de exploradores no les avisas a tiempo sobre las reuniones, puede ser que los chicos no se presenten y nuestro hijo se sentirá desanimado. Tú eres el líder, organizar las actividades es cosa tuya".

- Un doctor podría decir: "Las investigaciones demuestran que el ejercicio beneficia a las personas mayores de sesenta años. Quienes se ejercitan tienen más probabilidades de valerse por sí mismos, no depender de nadie, y no sufrir caídas y dolores extenuantes. Si le interesa, este folleto contiene sugerencias de diferentes ejercicios".

- Un jefe podría decir: "El cliente nos dio un presupuesto y un plazo de un mes para ejecutar este proyecto. Si nuestro trabajo le agrada, nuestra relación con él podría ser permanente, lo que significaría proyectos mayores y más dinero para todos. ¿Te interesa hacerte cargo de esto?".

Los rebeldes hacen lo que les place, pero si una acción tiene consecuencias desafortunadas podrían decidir no emprenderla. Y pese a que en principio les repugna que alguien les diga: "Es tu decisión, pero ¿has considerado...?", frecuentemente incorporan esa información a su toma de decisiones.

Para que la sucesión *información-consecuencias-elección* dé resultado es decisivo que los rebeldes sufran consecuencias desagradables, sea de salud, reputación o comodidad. Presenciar tales efectos puede ser penoso y, por desgracia, éstos podrían afectar también a otros. No obstante, si alguien resuelve los problemas, efectúa el trabajo de los rebeldes o los cubre, éstos no tendrán una razón para actuar.

Un amigo complaciente y yo hablábamos de las consecuencias y me dijo: "Comprendo, pero el problema es que las consecuencias para mi esposa rebelde también recaerán en mí. Si ella no paga la cuenta, nos desconectarán la señal de cable; si a última hora decide que no quiere ir a ese concierto, perderé dinero". "Bueno", dije, tratando de no ser brusca, "como sea debes plantear el asunto de tal forma que atraiga a su naturaleza rebelde, o de lo contrario dejar que las consecuencias negativas se presenten."

En otra conversación sobre una rebelde, una amiga me dijo: "La invitaron a un gran evento de beneficencia y se negó a confirmar su asistencia. La organización le llamó varias veces para decirle: 'Nos urge conocer el número final de invitados para reservar el servicio de banquetes' y 'Es importante que nos diga qué piensa hacer', pero ella no contestó. Esa noche se presentó de todos modos y no paró de quejarse de la mesa que le asignaron". Yo repliqué, incapaz de perder la oportunidad de dar una breve charla sobre las cuatro tendencias: "¡Esa organización usó los argumentos equivocados! Debió haberle dado *información, consecuencias y elección*. "Si usted responde ahora, podrá decidir dónde sentarse, para que esté con sus amistades; si tarda en responder, las mesas se ocuparán y la ubicaremos con desconocidos. Avísenos cuando haya resuelto qué hacer".

Información, consecuencias, elección. Sin sermones, coerción ni evasión.

Irónicamente, la naturaleza desobediente de algunos rebeldes puede hacer que sean más fáciles de manipular. Los demás podrían explotar su impulso a pensar: "No puedes obligarme", "¡Ya verás!" o "Fíjate bien en lo que haré". Una amiga mía no podía persuadir a su hija de que viera menos televisión, así que le dijo: "Has estado muy estresada últimamente, deberías relajarte; quédate unos días en casa a ver la tele", en ese momento la chica se levantó, apagó el televisor y salió.

"No creo que puedas terminar el informe para el viernes", "No creo que seas capaz de dejar el azúcar" o "No creo que te guste" podrían ser buenas frases para provocar al espíritu rebelde (aunque algunos rebeldes se darán cuenta de ello). El comentario "Veo que hoy no irás al gimnasio" podría inducir al rebelde a decir: "Sí, sí iré", en tanto que decir: "¿No crees que deberías ir al gimnasio hoy?" podría incitar la respuesta "No, no iré".

De hecho, algunos psicoterapeutas emplean con sus pacientes la "intervención paradójica", en la que prescriben justo lo que se debe cambiar. Hay varias explicaciones de que esto surta efecto, pero apuesto que es un recurso ideal con los rebeldes. Por ejemplo, si un niño hace un berrinche cada vez que le dicen que tienda su cama, sus padres podrían decirle: "Antes de que tiendas la cama, tómate unos minutos para gritar lo más fuerte que puedas".

Un rebelde me explicó cómo evitó esa trampa de la resistencia. "Mi primera reacción cuando alguien me pide algo —o, peor todavía, cuando me vigila— es decirle: 'No' o 'Déjame en paz'. Entonces me recuerdo que estoy en libertad de hacerlo, *pese a que* alguien me lo pida. No hacer algo sólo porque alguien me lo pide es tan 'poco libre' como hacerlo porque me lo pide".

No obstante a su impulso a resistirse, *los rebeldes pueden optar por hacer algo por amor* —cuando actúan movidos por el deseo, no por la obligación. Si algo es de importancia para alguien que aman, podrían tomar la *decisión* de cumplir una expectativa, de mostrar su amor. Sin embargo, ésta es una decisión que ellos deben tomar. Un adolescente rebelde explicó: "Planeé hacer algo agradable para mi mamá, alguna labor doméstica mientras ella no estaba, pero cuando se fue y me dijo que lo hiciera, pensé: '¡Jamás!'. Era divertido como una sorpresa, pero no ahora que es una obligación".

El hecho es que cuando médicos, padres, cónyuges, maestros, amigos o jefes presionan a los rebeldes, activan su resistencia. Por ejemplo, un premio por una buena conducta: "Si terminas tu trabajo podrás salir temprano" es un mecanismo de control que puede tener un efecto negativo en los rebeldes. Los elogios y otros intentos de alentarlos o motivarlos también pueden ser contraproducentes. Uno de ellos escribió:

> El verano pasado quise correr en algunos maratones. Después de correr el primer kilómetro y medio de mi vida, lo posteé en Facebook y recibí muchas muestras de aliento, varias personas me decían "¡Sigue así!" y "¡Te veremos en el maratón de otoño!". Aunque me sentí bien cuando recibí esos elogios, jamás volví a correr. Me decía a mí mismo que eso se debía a un viaje de trabajo, al clima... lo cierto es que me resistía a todas esas expectativas.

Otro rebelde tuvo una experiencia parecida:

> Cuando estuve en la universidad y me inscribí en un curso que me había interesado siempre, me fue muy bien (con un promedio de noventa y cinco) hasta que el profesor me llamó a su cubículo y me dijo que "podía hacerlo mejor". En adelante, mis calificaciones bajaron; sentí que hacerlo bien y llegar a un promedio de cien era lo que él buscaba, y que por tanto él ganaría.

A los rebeldes no les gusta seguir instrucciones de nadie, ni siquiera para hacer algo que disfrutan. Una lectora me escribió:

> Cuando me casé, no entendía por qué mi esposo no se arrojaba sobre mí cada vez que me ponía lencería fina. Con el tiempo esto se volvió una broma frecuente conmigo misma: para garantizar una noche sin amor, bastaba con que me pusiera una prenda negra y con encaje. Ahora sé que mi esposo es tan rebelde que ni siquiera acepta que le digan cuándo debe tener relaciones. Después de casi veinte años de matrimonio, he aprendido a hacer avances sutiles e informales, para que él sienta que es idea suya, no mía.

Por este motivo, si un rebelde se propone realizar una tarea, es preferible no interferir con un plan "mejor":

> Cuando mi esposo tiene ganas de hacer algo que me beneficia, prefiero aceptarlo, ¡porque podría no querer hacerlo nunca más! Por ejemplo, en los viejos tiempos si entre semana, a las nueve de la noche él decía: "Quiero limpiar la cochera", yo reclamaba: "Mejor esperemos al fin de semana, cuando tengamos más tiempo y podamos llevar las cosas a la beneficencia; ahora deberíamos acostarnos temprano...". Hoy simplemente le digo: "¡Perfecto!".

Quienes rodean a los rebeldes pueden ayudarles y alentarlos a actuar. Pese a que les impaciente que ellos se nieguen, lo cierto es que sus presiones son las que entorpecen las cosas, porque, al presionar, generan resistencia. Una rebelde lamentó:

> Estaba a punto de buscar empleo cuando mi esposo (que es un complaciente) empezó a cuestionarme y me dijo que no

me esforzaba lo suficiente. Ahora he aplazado la búsqueda; fue imposible evitarlo, porque me sentí atrapada y vigilada. Él dice que quiere involucrarse en mi búsqueda y no cree que yo sea lo bastante responsable para administrar mi tiempo. Todo habría salido bien si no se hubiera involucrado en el asunto.

A pesar de que no les agrada que les digan qué hacer ni sentirse atrapados con los horarios, en ocasiones puedes llegar a un arreglo con los rebeldes; por ejemplo, en vez de citar a uno de ellos en un momento específico del calendario, permítele elegir dentro de un intervalo amplio. Un compañero de trabajo podría decir: "El jefe ya empezó a preguntar sobre la presentación del borrador del presupuesto del año entrante, así que la semana próxima, cuando tengas un momento disponible, podríamos revisar ese presupuesto". O un amigo podría decir: "Los meses que vienen serán una locura, pero estaré libre el fin de semana. Sería bueno que nos viéramos, si quieres, llámame".

Información, consecuencias, elección.

Cómo pueden los rebeldes influir en sí mismos para cumplir una expectativa

A estos sujetos les cuesta trabajo decirse qué hacer. Y aunque suelen exasperar a otros, también pueden hacerlo consigo mismos, ya que su obstinado diablillo los lleva a rechazar sus propios deseos. Una complaciente me escribió:

Le hice indirectamente a mi esposo algunas preguntas del test (¡no lo habría resuelto si yo se lo hubiera sugerido!) y todas sus respuestas apuntaron al rebelde. Él no quiere que nada lo ate, cambia de opinión con frecuencia si logras que se comprometa a algo y por lo común hace lo opuesto a lo esperado. Lucha con la frustración que le causa no hacer lo que quiere para ser feliz. Detesta no ir al gimnasio; le apena que otros lo crean poco confiable. Yo veo mucho bien en su firmeza y tenacidad, pero ¿qué hacer cuando no puedes cumplir con tus propias expectativas?

Pese a que los rebeldes quieren hacer su voluntad, frecuentemente los vence la intransigencia.

Seguir un calendario y hacer planes pueden parecer obligaciones a las que debe oponerse, incluso si el plan coincide con algo que el rebelde *desea* hacer (algunos adoran los calendarios, listas de pendientes y cosas por el estilo y siguen esta poco rebelde conducta si eso es lo que quieren).

De igual forma, les desespera que deseen adoptar hábitos —como hacer ejercicio, trabajar de manera independiente, hacer llamadas de ventas— y al mismo tiempo se resisten a que eso los ate. Las estrategias de ejecución que resultan provechosas para otras tendencias no suelen serlo para ésta.

¿Entonces qué pasos puede dar un rebelde? Los que se resisten a planes, calendarios, hábitos y compromisos pueden buscar medios para hacer las cosas a su modo. La clave es recordar *que pueden hacer lo que quieran.*

Por ejemplo, cumplirán expectativas si les permiten expresar su *identidad*: actuar como la persona que quieren ser. Uno de ellos explicó:

Como escritor, si me pongo el reto de escribir algo en treinta días estoy frito. Lo peor que puedo hacer es postear en mi blog que escribiré algo; me insubordino contra eso. Prefiero decirme que quiero ser el tipo de persona que escribe todos los días; me imagino una vida dedicada a escribir, en la que me levanto a hacer eso, y pienso en lo que sentiré cuando ponga el punto final; entonces lo hago.

Como otorgan enorme valor al hecho de ser fieles a sí mismos, los rebeldes aceptarán un hábito si lo ven como un medio para expresar su *identidad*. Explicó uno de ellos: "Si un hábito forma parte de lo que soy, no es una cadena que me ate, sino algo que me permite ser auténtico conmigo mismo". Para alcanzar metas financieras, un rebelde podría concentrarse en su identidad como alguien capaz de tomar decisiones inteligentes que le dan libertad a largo plazo. Otro me escribió: "En lugar de suponer que comeré sanamente, haré ejercicio, usaré el hilo dental, etcétera, reparé en que me respeto mucho a mí mismo y quiero cuidar de mi cuerpo. Esto forma parte de mi identidad, de modo que es natural que quiera hacer cuidar esas cosas".

Algunos ingeniosos juegan con la idea de su identidad. Uno de ellos reportó: "Cuando tengo que hacer labores repetitivas, todo mi ser clama: '¡Noooo!', entonces actúo como si fuera otra persona o me filmaran mientras hago esas cosas; por ejemplo, finjo ser un perfecto mayordomo, cocinero, diseñador de interiores, poeta famoso, ilustre científico... Suena ridículo pero funciona".

Un rebelde combinaba la estrategia de identidad con el gusto de su tendencia por los retos: "Para hacer algo, lo vuelvo un desafío. Me digo: 'Soy un rebelde que puede apegarse a una rutina y cumplirla'. Este reto me emociona. Constituye una muestra de rebeldía ser un capaz de hacer cosas con disciplina, justo algo que no se espera de él".

De la misma manera, los individuos de este grupo pueden asociar una actividad con sus valores más profundos y concebirla como una expresión de lo que son. "Logro comprometerme con un hábito de ejercicio si me inscribo en un maratón de recaudación de fondos para una sociedad benéfica que me importa", explicó uno de ellos. "Gracias a que asocié correr con mi arraigado impulso a 'hacer algo' por esa causa particular, fui capaz de apegarme a eso."

Del otro lado de la moneda, un rebelde recomienda utilizar para bien la trampa de una identidad, por más que sea la rebelde. Escribió: "Reconozco mi resistencia rebelde y entonces (ésta es la parte importante) me rebelo contra mi naturaleza y decido qué es lo mejor para alcanzar mi objetivo".

La identidad rebelde puede formarse también por negación: un sujeto podría optar por dominar ciertos hábitos a causa de su *renuencia* a ser de determinada manera. "No soy el tipo de entrenador que hace esperar a los niños por llegar tarde al entrenamiento."

Escribió uno de ellos: "Mi identidad es 'Responsable', quizá porque mi madre, contra quien más me rebelé, siempre me llamaba irresponsable".

Estas personas usan formas ingeniosas de no provocar su espíritu de resistencia, introduciendo frecuentemente un elemento de juego, reto o elección. Una de ellas me dijo: "Me impongo un desafío de proyectos estratégicos a largo plazo (pese a que me aburran): 'Tendré listo para el lunes todo el papeleo de la compañía relativo a los colaboradores externos'". Otra rebelde convertía en un juego la perspectiva de ejecutar tareas rutinarias y programadas:

En lugar de hacer una lista de pendientes, escribo cada tarea en una pequeña hoja, las doblo todas y las meto en un tazón, donde selecciono; no tomo otra hasta terminar la primera tarea. Esto se convierte en un divertido juego de

azar y ver hojas dobladas es menos imponente que examinar una lista de labores.

Otro rebelde se convenció de usar listas de pendientes gracias
a un simple cambio de vocabulario: "Casi nunca cumplo las
listas de cosas 'por hacer' porque en cuanto sé que *debo* hacer
algo, es lo último que quiero. Una lista de 'cosas que se pueden hacer', en cambio, me recuerda que puedo decidir si efectuar una tarea o no".

En algunos casos, los individuos de esta tendencia pueden reformular la situación para evitar pensar: "Esta persona
espera que yo realice esa tarea" —lo que suscita oposición—,
y reformularlo como: "Esta persona me ayuda a obtener lo
que yo quiero, así que haré lo que debo hacer" o "Esta labor
me permitirá adquirir las habilidades que busco". Un amigo me
explicó: "Mi agente hipotecaria me pidió que le enviara unos
datos y yo me rehusaba a hacerlo hasta que pensé: 'Trabaja
para mí, está renegociando el valor de mi hipoteca, de modo
que gracias a ella tendré más dinero en lugar de vaciarlo en
los bolsillos de un gran banco'. Le mandé la información en ese
momento".

El desagrado del rebelde por la prohibición puede ser
una fuerza positiva para que él deje de fumar, consumir comida chatarra, beber alcohol, ser adicto a la tecnología o aferrarse a cualquier otra cosa confinante o controladora. Una
rebelde me escribió:

> Cuando trataba de seguir una dieta, a veces pensaba: "Pue-
> do hacer lo que se me antoje", y eso hacía que me subleva-
> ra contra ella. Ahora pienso lo contrario: "Puedo hacer lo
> que se me antoje, y lo que se me antoja hoy es comer de una
> nueva manera".

Concibo la comida poco sana como algo que las corporaciones quieren imponernos. La cargan de grasa, sal y azúcar para forzarnos a consumir su nada nutritiva comida repleta de sustancias químicas. Intentan atraparnos, vencernos mediante el antojo, volvernos esclavos de él. ¡Que se queden con su costosa e inútil chatarra y se la traguen ellas mismas! Eso es lo que pienso de todas las galletas, papas fritas, harinas blancas, azúcar refinada e incluso los productos disfrazados de opciones saludables. ¿Te parece lo bastante rudo?

Esto hace que no me sienta privada de la comida porque, como rebelde, incumplo mis reglas de vez en cuando y consumo golosinas cuando quiero. Sólo que tiendo a sublevarme contra la industria de los alimentos poco saludables.

A los rebeldes les disgusta atarse a un programa, así que más vale que hagan lo que quieren cuando quieren, sin expectativas que podrían causar resistencia. Por ejemplo, en lugar de poner recordatorios de ejercicios en un teléfono inteligente —lo que podría generar resistencia—, pueden conseguir los horarios de todas las sesiones de ejercicios de su barrio, para elegir la que les parezca más atractiva cuando estén de humor para ello.

Estas personas pueden hacer lo que quieran y frecuentemente recordarán por qué desean evitar consecuencias negativas. Una de ellas me dijo: "Declaro a tiempo mis impuestos porque enfrentar al fisco es más problemático que valioso, lo cual aprendí por experiencia. No uso las direccionales porque obedezca el reglamento de tránsito, sino porque no quiero que un idiota se estampe contra mi coche".

Algunos se sirven de las consecuencias negativas para forzarse a actuar. Una ambiciosa escritora rebelde conseguía mantenerse en franca actividad si regalaba su dinero tan pronto como lo ganaba. Sabía que si no escribía no podría ganar dinero, y si tenía dinero no podría obligarse a trabajar.

Cuando estos individuos entienden su tendencia, pueden aprovecharla para hacer todo lo que quieren.

¿Por qué a los rebeldes puede atraerles una vida muy sistematizada?

Esta tendencia contiene paradojas sorprendentes. Por ejemplo, algunos de ellos eligen instituciones cargadas de expectativas y reglas, como el ejército, la policía, grandes corporaciones y comunidades religiosas.

Para ellos, eso es reflejo de una profunda vocación. Explicó uno: "Pienso que un rebelde desea estar en el ejército o en el clero porque eso le brinda un objetivo en medio del horror cotidiano. Un rebelde en una oficina (como yo) se siente atrapado en una jaula". Otro coincidió: "Encuentras rebeldes entre los ministros de culto y en el ejército porque han descubierto algo grande que merece toda su devoción y energía".

Asimismo, muchos obtienen energía y dirección de objetar, y los entornos altamente regulados les suministran reglas por ignorar, limitaciones que rebasar y convenciones por infringir. Uno de ellos me escribió:

> Como antiguo miembro del Cuerpo de Marines, confirmo que existe una alta incidencia de rebeldes en el ejército. Creo que esto se debe a que es común que terminen en el caos por no adherirse a las reglas sociales, de manera que pueden verse en la disyuntiva entre la cárcel o el ejército (ése fue el caso de dos personas cercanas a mí). Segundo,

el ejército aporta una plétora de reglas a seguir, lo que da numerosas opciones de quebrantarlas. Sólo así yo pude sobrevivir a la rigidez de los marines. Muchas reglas no implicaban un peligro para la vida, así que infringía muchas de ellas, pese a que tuve una carrera magnífica y recibí incontables premios.

Ocupar puestos muy estructurados acomoda a algunos rebeldes que descubren que demasiada libertad les afecta. Como dijo uno de ellos: "Me opongo al sistema, pero me gusta estar aquí para tener algo contra qué luchar".

Mientras estudiaba la atracción de estos sujetos por una vida reglamentada, me impresionó el caso de Thomas Merton, quien fue un monje trapense cuyos escritos ejercieron gran influencia en las décadas de 1950 y 1960; en 2015, el papa Francisco se refirió a él como un estadunidense que brinda inspiración al mundo de hoy. Merton expresa en sus extensos escritos la perspectiva del rebelde: el impulso a oponerse, el ansia de libertad, la determinación de hacer las cosas en una forma muy personal.

Para los rebeldes, la libertad es el valor supremo, y para Merton procede de la completa sumisión a la voluntad de Dios; la cual ofrece una escapatoria de la rebelión incesante y el ego, con sus extremas demandas, estrépito y dolor.

En 1941 Merton se hizo monje trapense en la abadía de Getsemaní en Kentucky, pese a que fue sui géneris. Mientras que sus compañeros seguían un estricto programa de trabajo comunitario, él convenció al abad de que le permitiera establecer una "ermita" y una vez que se mudó a ella se vio libre de casi toda obligación y trabajo comunitario monásticos; su "ermita" se volvió además un lugar de reunión de numerosos visitantes, ajena a toda supervisión.

Su insubordinación más espectacular tuvo lugar en 1966 cuando, luego de una cirugía, se enamoró de una estudiante de enfermería. Él no dudó de infringir las reglas e intercambió con ella numerosas visitas, cartas y llamadas telefónicas "ilícitas"; también, condujo a sus amigos a la indisciplina y les pidió que le ayudaran a arreglar encuentros con ella. Parecía estar convencido de que Dios aprobaba todo lo que él quisiera realizar.

La tendencia rebelde implica paradoja y poder.

RESUMEN: REBELDE

PROBABLES FORTALEZAS

Independiente

Capaz de pensar más allá de cualquier esquema

No se deja influir por la ortodoxia

Está dispuesto a seguir su propio camino, a alterar
convenciones sociales

Conoce sus auténticos deseos

Es espontáneo

POSIBLES DEBILIDADES

Tiende a resistirse cuando se le pide que haga algo

Poco cooperativo

Desconsiderado

Se le dificulta realizar tareas sistemáticas, repetitivas
y permanentes

Actúa como si las reglas ordinarias no se aplicaran a él

Inquieto; con problemas para asentarse en un trabajo,
relación o ciudad

Se resiste a las rutinas y la planeación

Puede ser indiferente a la reputación

10. El trato con un rebelde

"No eres mi jefe"

Trabajo • Cónyuge • Hijos • Paciente • Elección de carrera

El trato con un rebelde en el trabajo

Los rebeldes pueden aportar grandes fortalezas a su trabajo: su disposición a salirse de lo convencional, su capacidad para pensar más allá de todo esquema, su conocimiento de sus auténticos intereses y deseos.

Uno de ellos me envió esta imagen, con un magnífico lema rebelde:

> SI TUVIERA QUE DESCRIBIRME
> EN POCAS PALABRAS, SERÍAN:
> "NO SIGUE INSTRUCCIONES".

Los rebeldes se desarrollan bien en el trabajo, cuando éste se ajusta a sus propósitos.

Pueden ser muy productivos, aunque sólo si se les permite operar a su manera. Entre menos se les ordene y supervise, mejor, pese a que, paradójicamente, algunos precisen de una estructura que ignorar y contra la cual chocar.

Muchos de ellos reaccionan en forma positiva a los retos o desafíos y se desenvuelven en un medio donde trabajan a su modo. Uno explicó:

> En mi primer empleo después de que salí de la universidad, trabajé en un importante despacho de consultoría y tenía un jefe fabuloso. Me asignaba un proyecto difícil y decía: 'Tenemos un gran problema aquí; no sé cómo resolverlo, así que hazlo tú. Regresa en tres meses con la solución, llámame si algo se te complica'. Yo rendía inmejorablemente en esas condiciones, pero él se marchó tiempo después y mi nuevo jefe quería controlarme, así que dejé la compañía e inicié una empresa propia.

Nótese que el método de no intervención de este jefe, aunque muy eficaz para un rebelde, podría no dar resultado con un complaciente.

Pese a que les gusta el desafío, los rebeldes frecuentemente se resisten a realizar tareas ordinarias y repetitivas, lo cual puede representar un problema grave, dependiendo del empleo en cuestión. Una rebelde se describió de esta manera: "Para compensar mi completo fracaso en tareas rutinarias, me ocupo de cosas que me gustan, retos grandes e interesantes. Aunque tengo mucho éxito, creo que debería ser mayor, porque trabajo mucho. Gran parte de mi labor consiste en subsanar deficiencias en áreas de rutina". Quizá su jefe y ella podrían reasignar algunas de esas tareas rutinarias, que no se cumplen bien de todas formas, a fin de que esta rebelde se concentre en grandes retos.

A pesar de que los rebeldes no suelen aceptar de buena gana órdenes ni instrucciones, algunos trabajan bien con los demás cuando ellos están a cargo. Como expuso uno: "Me gusta que todos hagan las cosas a mi modo, desde mis empleados hasta mis hijos. Es caótico ser un rebelde y no querer ajustarse a nada, así que elijo empleados que sean capaces de cooperar conmigo".

Un amigo rebelde que es un profesor reconocido me dijo:

—La academia atrae a los rebeldes.

—Pero ¿y la obtención de la titularidad? —pregunté.

—Tienes que publicar para conseguirla, pero tú decides qué: un libro, dos, muchos artículos. Una vez con ella no estás obligado a hacer otra cosa que impartir tus clases y dispones de mucha libertad para hacerlo. El rector no te dice: "Más vale que produzcas, ya pasaron diez años desde tu último libro", aun si lo piensa. Yo escribo porque quiero escribir, no porque alguien me fuerce a hacerlo.

Como jefes, los individuos de esta tendencia pueden ser líderes estimulantes y creativos, con la determinación y el impulso indispensables para perseguir su visión. Sin embargo, también puede ser muy difícil trabajar con ellos.

Un cuestionador escribió:

Cuando me di cuenta de que mi jefa era una rebelde, entendí por fin una conducta que yo, como cuestionador, no podía comprender. Cuando ella recibía una solicitud de su jefe, buscaba errores en lo que se le pedía, aun si era algo que planeaba hacer. Determinábamos el procedimiento a seguir y ella lo descartaba una semana después.

Como cuestionador, era muy desagradable para mí trabajar con una rebelde; no entendía sus decisiones ni por qué no podía apegarse a ellas. No parecía haber un razonamiento lógico detrás de sus juicios y encomiendas.

Cuando se labora con rebeldes es útil darles información, presentar con franqueza las posibles consecuencias y permitir que ellos decidan cómo actuar, la sucesión *información-consecuencias-elección*: "En la reunión semanal de personal tomamos muchas decisiones importantes y nos repartimos el trabajo. Si no asistes a ella, no tendrás voz en la dirección de la compañía, y podrías estancarte en tareas poco deseables".

Un rebelde que quiere ser visto como un líder fuerte, un visionario poderoso o un jefe comprensivo optará por actuar en armonía con esa identidad. "Cuando asistes a las reuniones mensuales, el personal siente que te interesa conocer sus ideas y frustraciones. Si no asistes, das la impresión de ser inaccesible, que sus opiniones no te importan".

Es común que los individuos de este grupo deseen poner un negocio propio o trabajar por su cuenta, porque les agrada operar a su manera y establecer su horario, sin que nadie les diga lo que deben hacer; no obstante, frecuentemente tampoco les gusta decirse *a sí mismos* qué hacer. No soportan las fechas límite, se resisten a las labores minuciosas o repetitivas y no les agrada sentirse atados a un horario.

Por eso los emprendedores rebeldes tienen por costumbre asociarse con alguien —por lo general un complaciente— que se haga cargo de las tareas esenciales. Yo me entrevisté con un rebelde que lanzó una exitosa página en internet: "Aporto la visión, soy la voz de la marca, genero las ideas del rumbo a seguir y no voy a la oficina todos los días; mi socio fundador trata a los anunciantes, dirige al personal y supervisa el lado financiero".

Igual que con complacientes, los rebeldes suelen asociarse también con sus familiares, quizá porque un pariente los comprende mejor, los tolera más y tiene más experiencia con ellos.

El trato con un cónyuge rebelde y el patrón de la pareja REBELDE/complaciente

Dados los retos de tratar con una pareja rebelde, más de una persona me ha preguntado: "¿Los rebeldes tienden a establecer relaciones de largo plazo?". Mi muestra representativa reveló que tienen tantas probabilidades como cualquier otra tendencia de vivir mucho tiempo con su pareja.

Identificar a una persona como rebelde vuelve más claro su patrón de conducta. Una amiga de la universidad me dijo: "Cuando supe que mi esposo era rebelde me sentí mejor en nuestra relación. Ahora no me tomo personalmente las cosas cuando le digo 'Hagamos esto' y él replica: '¡Jamás!'. Eso no refleja lo que siente por mí ni la solidez de nuestro matrimonio; es sólo su manera de ser con todos".

Para los rebeldes, como para todos los demás, en ocasiones las consecuencias pueden ser bastante terribles como para querer verlas en acción. Una favorecedora explicó que, ante el riesgo de divorcio, su rebelde esposo cambió de conducta, por amor:

> La verdad es que al principio todo el trabajo recayó en mí. Nuestro matrimonio se desplomó en menos de un año, pero entonces mi esposo me llevó a la terapia matrimonial y hemos aprendido a respetar nuestras diferencias.
>
> Como favorecedora, a mí me motivan muchas cosas, mientras que a él sólo lo motiva una: el amor. Hace todo por amor y sólo por eso. Ha descubierto qué me importa y se esmera en apoyarme en eso porque me ama. Nuestra particular combinación de personalidades nos ha procurado un singular estilo de vida: yo tengo una empresa exitosa y él se encarga de nuestros hijos.

¿La clave para la pareja de un rebelde? *Que cuanto más se le pide, más se resiste.* Como me dijo una de ellas: "Tardé veinte años en darme cuenta de que mientras menos pido, más obtengo".

Un patrón notorio entre los sujetos de esta categoría es que *si sostienen una relación prolongada, en el hogar o en el trabajo, lo hacen por lo común con una persona complaciente.*

Pocos favorecedores o cuestionadores aceptan de buen grado la conducta del rebelde. Los primeros creen que es impulsivo e irresponsable, en tanto que él los considera rígidos; los segundos piensan que actúa por impulso y él juzga que dedican demasiado tiempo a analizar.

En mayor medida que los favorecedores o los cuestionadores, los complacientes obtienen satisfacción de los actos del rebelde y pueden beneficiarse de su perspectiva.

A diferencia de los favorecedores y los cuestionadores, a quienes desconcierta que el rebelde rechace expectativas, algunas veces los complacientes pueden beneficiarse y admirar la negativa del rebelde a ceder ante las expectativas externas. Para un complaciente, quien se siente muy presionado a satisfacer expectativas externas, es un alivio estar con alguien que las desprecia con tranquilidad. Una complaciente casada con un rebelde relató: "Mi esposo consiguió un viaje todo pagado a un evento de escritores en un lugar exótico. Cuando llegamos, querían que asistiéramos a los coloquios, fuéramos a los cocteles, etcétera, y yo dije: 'Ellos nos invitaron, lo pagan todo, tenemos que hacer lo que nos piden'. En cambio, él aseguró: 'No estamos obligados a hacer nada de eso', y no hicimos nada que no quisiéramos hacer".

Otra COMPLACIENTE/rebelde explicó por qué le agradaba la compañía de los rebeldes:

Nosotros tenemos cierta rebeldía, y por eso a mí me gustan los tintes de cabello no convencionales, por eso amamos a los rebeldes. Ellos nos dicen que está bien que cedamos a esa naturaleza, y a los complacientes esto nos libera de algunas obligaciones. Mi esposo y mi mejor amiga son rebeldes; vuelven más divertida la vida y consideran fabuloso mi "raro" estilo. Me recuerdan además que debo cuidar de mí antes de que la fatiga se declare. Al contrario, los cuestionadores y los favorecedores (mi hermano y mi padrastro) no dejan de preguntarme por qué asumo tantas responsabilidades si no soy "capaz de manejarlas".

De hecho, los rebeldes pueden liberar a los complacientes de la rebelión propia de su tendencia, porque los animan a resistirse a las expectativas externas. Como dijo un complaciente: "Vivir con un rebelde puede ser desafiante en ocasiones, pero la única palabra que él entiende es no. Para él es normal no tener ganas de hacer algo y no espera que yo diga sí a todo. Como siento que *desagradar* suele ser más difícil que *agradar*, esto me da mayor oportunidad de ser yo misma". Esa autorización es una válvula de escape para la presión de cumplir expectativas que los complacientes experimentan.

Del lado rebelde de la pareja rebelde/complaciente, éste le facilita a aquél ignorar las expectativas diarias porque adopta su actitud. Escribió una rebelde: "Mi esposo es una pareja magnífica que me hace más fácil la vida al ocuparse de las labores diarias, aunque me gustaría que él dijera a su vez que yo le ayudo a vivir en el momento y a disfrutar el viaje".

Un matrimonio como éste sólo funcionará si los cónyuges concuerdan en que ese intercambio es razonable. Una amiga complaciente me contó: "Para trasladarnos donde vivimos, necesitamos tarjetas de peaje. Yo le compré una a mi rebelde esposo, la dejé en el mostrador de la cocina para que él la usara, pero la 'perdió' y ahora tiene un montón de multas que saldar por no haber pagado su peaje". "¿No te incomoda que tu familia pierda todo ese dinero?", pregunté. "No, él sabe que yo hablaré con las autoridades, les diré que nuestra tarjeta salió defectuosa y nos condonarán las multas, porque mi esposo no soporta la idea de pagarlas."

Como la favorecedora que soy, debo decir que esta historia me dejó *estupefacta*.

Otra complaciente con un cónyuge rebelde recordó: "Antes de casarme, visité la casa de una amiga y vi pegada en el refrigerador una lista de las labores 'de él' y las 'de ella'. Eso me impactó y pensé: '¡Nosotros jamás tendremos una lista así! No quiero un matrimonio donde se lleve el marcador. Para mí lo más importante es la armonía; preferiría trabajar más a tener que preocuparme de seguir la pista de lo que hace mi pareja".

Dado que soy una favorecedora, este arreglo supuestamente ideal me parece injusto. Yo me enfadaría si Jamie me impusiera expectativas sin que el asuma ninguna, aunque quizás esto me convierte en la "marcadora" que esa complaciente no quería ser.

Una amiga me dijo, no sin cierta amargura: "Los rebeldes son las personas a las que todos cuidamos". Ése es el aspecto paradójico de este patrón: que los rebeldes se vuelven dependientes. Su libertad respecto a las responsabilidades de la vida sólo es posible gracias a que otra persona resuelve por ellos sus obligaciones cotidianas.

De igual forma, aunque rehusarse a hacer planes provoca que los rebeldes se sientan libres, su conducta frecuentemente favorece que otros establezcan la agenda. Una rebelde argumentó: "Me divierte mucho que mi esposo no me avise cuál es el plan cuando establece el itinerario. Dice: 'Las cosas serán así, sea que quieras hacerlas todas o una parte'. Pasamos de una actividad a otra, esto es divertido y produce una sensación de espontaneidad". A ella le parece espontáneo, cree tomar sus propias decisiones, pero lo cierto es que otro fija el itinerario.

Cuando los integrantes de esta tendencia forman pareja con personas cuestionadoras o favorecedoras, la relación puede implicar más trabajo. Una cuestionadora con un esposo e hijo rebeldes me escribió:

> Aunque comprendo que el espíritu rebelde haya sido formidable para la resistencia francesa, esa época ha quedado atrás. Lamento haberme casado con un rebelde; él cedía mucho más cuando éramos novios, y una vez que nos casamos eso terminó. Intentamos sacar el mejor provecho, pero resulta más difícil de lo que sería con un complaciente. Y yo lo vuelvo loco con mis preguntas.

No todas las parejas de este tipo tienen tantas complicaciones. Por ejemplo, en una cena me senté junto a un favorecedor casado con una rebelde. Cuando le pregunté, con toda delicadeza, cómo sobrellevaba la situación, él me explicó: "Funciona porque mi esposa es una persona muy considerada y cariñosa". "¡Qué curioso!", pensé; ése era un buen ejemplo de cómo la tendencia de un individuo es sólo un aspecto de su personalidad. "Si le pido que haga algo su reacción inmediata es negarse, pero una semana después propondrá una solución en la que ha tomado en cuenta mi parecer. Por ejemplo, propuso ciertos muebles para la terraza y yo le dije que me parecían demasiado voluminosos. Aunque replicó: 'No es cierto, están bien', una semana más tarde me enseñó su nuevo proyecto, mucho menos denso." "¿Ella se ha negado alguna vez a hacer algo muy importante para usted?" "¡Sí, claro! Cuando nos casamos, no hizo los mensajes de agradecimiento, y ése fue un gran problema." "¿Usted no podía hacerlos?", pregunté. "¡Tuve que hacerlos!, pero cuando me di cuenta de lo que sucedía ya habíamos abierto muchos regalos sin haber registrado los nombres de los remitentes y era demasiado tarde", suspiró, "todavía me agobia recordarlo."

Otra favorecedora casada con un rebelde expuso así la dinámica de su matrimonio:

> Mi esposo y yo nos conocimos en la universidad y nuestras tendencias fueron claras desde el principio: yo destacaba en la escuela, él estuvo a punto de reprobar. A pesar de que es muy inteligente, cuando una tarea no le gustaba contestaba cosas distintas a las que el profesor preguntaba. Aprendía a su manera, lo que solía resultar en una calificación reprobatoria. Era también un estudiante poco tradicional (tenía veinticuatro años cuando ingresó), porque hace las cosas en su propio horizonte cronológico. Yo sigo las reglas al pie de la letra y tengo dos grados universitarios.
>
> Tardé tiempo en comprender que él frecuentemente hace lo contrario de lo que le pido o recomiendo. Pese a que muchos no soportarían estas diferencias, yo aprecio su autonomía.
>
> Su tendencia rebelde nos ha ayudado a tener un estilo de vida poco convencional. Como soy la de orientación profesional más definida, él me ha seguido los pasos en varias ocasiones y ahora yo soy el sostén del hogar, decidimos no tener hijos y él se dedica a escribir una novela en casa. Me apoyó financiera y emocionalmente mientras hacía mi maestría y mi doctorado y dejó de hacerlo tan pronto

como pudo para dedicarse a escribir. Compartimos las labores domésticas y ambos cocinamos.

Yo he aceptado que su tendencia rebelde significa hacerme cargo de sus decisiones de vida (aunque esto puede ser difícil si esas decisiones se contraponen con las mías), porque literalmente no puedo obligarlo a hacer nada.

Como en todo tipo de relaciones de pareja, el éxito ocurre cuando podemos centrar nuestra atención en los aspectos positivos de nuestra media naranja.

El trato con un hijo rebelde

Sin pedírselo, muchos individuos con esta personalidad me han hablado del momento específico en que se dieron cuenta, de chicos, que nadie podía obligarlos a hacer nada. "Estaba sentado en el suelo y mi madre quería que me pusiera los zapatos", me escribió uno de ellos. "Yo pensé: '¡No puede obligarme!' y me negué. Estuve dos horas ahí."

Los hijos rebeldes pueden ser todo un reto; cuando se les pide que hagan algo, tienden a resistirse. Quieren decidir por sí mismos; no desean que los demás les fijen expectativas. Una amiga me contó: "Le dije a mi hija que iría a arroparla en cinco minutos y me respondió: '¿Qué tal en cuatro?'".

El hecho es que aunque padres, maestros y entrenadores quieran presionar a los rebeldes, esta estrategia resulta contraproducente. Un rebelde de quince años me explicó:

Viví doce años con mi mamá, que es muy liberal hasta que me mudé con mi padre, conservador, restrictivo, orientado a la disciplina y favorecedor. Si hago lo que él quiere, se pone

triunfalista y dice: "Ojalá lo hicieras más seguido". Cuando
él no es así nos llevamos muy bien, pero cuando me pide
hacer algo, me resisto. No entiende cómo soy y cree que soy
flojo e irrespetuoso.

Por desgracia, este padre no sabe que decirle a un hijo rebelde
lo que debe hacer no da resultado. Claro que se le puede obli-
gar a *hacer* algo estableciendo consecuencias suficientemente
nocivas, pero esto no funciona a largo plazo.

¿Qué es lo que sí funciona? La misma fórmula que con
los adultos: *información, consecuencias, elección,* sin regaños
ni fastidios.

Suele ser difícil. Puede resultar aterrador permitir que
los hijos rebeldes hagan lo que quieran, pero como exhortarlos
para que sigan cierto camino tiende a ser contraproducente,
es más efectivo confiar en su juicio (por riesgoso que esto pueda parecer).

El padre de un chico así lo explicó: "La mejor manera de
tratar con un hijo rebelde es darle información para que decida, plantearle el problema como una pregunta que sólo él
puede responder y permitirle que decida y actúe sin avisar.
Deja que tome una decisión sin público. Público = expectativas. Si piensa que no lo vigilas, no tendrá que alzarse contra
tus expectativas".

¿Un grave problema rebelde? El del chico que quiere desertar de la escuela. Una integrante de una familia que deci-
dió adecuarse a la rebeldía de una hija me contó:

Mi hermana Lynne es una rebelde. Ha tenido dificultades
desde el jardín de niños, nunca a causa de falta de inteligencia. Durante la preparatoria ha mencionado varias veces su
deseo de desertar. Este verano parecía que eso sucedería al

fin (cuando sólo le faltaba un año para terminar). Antes de que mis padres hablaran con ella, le sugerí a mi mamá que le permitiera desertar. Le expliqué la tendencia rebelde de Lynne y le aseguré que ella haría lo que quisiera de cualquier manera. Mi madre aceptó a regañadientes. Semanas después, Lynne dijo que terminaría la preparatoria por medio de un curso en línea en lugar de desertar. Hoy me dijo que regresará a la escuela; reformuló su horario para ajustarlo a sus necesidades.

Este resultado sin duda se debe a que mis padres le permitieron tomar sus propias decisiones. Ella siente que tiene el control y que ésa es su decisión (lo cual es cierto). No puedo menos que preguntarme qué habría pasado si ellos la hubieran presionado para que no abandonara la escuela.

En ese mismo sentido, una docente relató:

Soy profesora en la penitenciaría local, donde imparto cursos para obtener el certificado de preparatoria. Hace poco tuve una alumna que hacía las cosas a su modo, peleaba con los custodios y no cumplía con sus tareas. Yo le creí cuando me dijo que realmente quería obtener su certificado, pero lo cierto es que no avanzaba. Comprendí entonces que era una rebelde. Compartí con ella tu teoría, y verse de una manera diferente y positiva le ayudó mucho. Dejé de pedirle sus tareas y le permitía decidir cómo quería estudiar cada día: con software, en el grupo, a solas o nada en absoluto. Actualmente, ya ha aprobado las cinco pruebas de rigor para obtener su acreditación equivalente a preparatoria.

Los rebeldes pueden hacer lo que *quieran*.

Puesto que los jóvenes rebeldes tienden a resistirse si un adulto les pide que hagan algo, es muy importante prestar atención al lenguaje y evitar cualquier cosa que parezca una orden. Para un padre, decir: "Cariño, dile a tu tía Jane que la pasaste muy bien con ella" quizá no parezca una orden, pero lo es. Si el hijo rebelde tenía la intención de decir algo amable, acaba de esfumarse. En cambio, en el coche de camino a casa de la tía Jane un padre podría comentar: "Aunque no es muy agradable visitar a la tía Jane, sería bueno agradecerle; decirle algunas palabras la harán sentir apreciada". Después se debe permitir que el chico decida cómo comportarse.

Una maestra de música explicó de qué manera ajustó su método a un alumno rebelde:

> Quería ayudar a un estudiante rebelde a ser un líder en lugar de un "alborotador", así que le pedía que hiciera cosas como repartir materiales o asistir al compañero de junto. Noté que quería estar a cargo y que eso le gustaba... ¿por qué entonces no aprovechaba esas oportunidades para dirigir y ayudar a sus semejantes? Supe que, siendo rebelde, se negaba a hacerlo porque quería que dirigir y ayudar fuera su decisión, no la mía. Le dije entonces al grupo: "Ejecuten la melodía y muéstrenme su movimiento de manos, todos al mismo tiempo; quiero ver quién hace un buen trabajo para elegir a un líder", y él pudo decidir entre esforzarse y acobardarse. Hizo un gran esfuerzo y le pregunté: "¿Te gustaría dirigir?". No le dije que lo hiciera; le pregunté si quería hacerlo y dijo que sí. ¡Le emocionó enormemente!

Para canalizar la energía e intereses de un muchacho rebelde, es útil indicarle cuánto disfruta de una actividad, a fin de que decida continuar en ella. "Parece que te gusta mucho escribir en el periódico; es agradable ver impreso tu nombre y tratar con todos los que trabajan en la publicación", "Resulta muy grato ver tu nombre en el cuadro de honor".

Padres y maestros pueden ayudar a los rebeldes a identificar las razones por las que querrían cumplir una expectativa. Por ejemplo: "Los chicos que obtengan buenas calificaciones este semestre se harán merecedores al viaje a la Casa Blanca de la primavera próxima". Un maestro rebelde de música explicó: "Para motivar a los alumnos rebeldes, enfatizo las magníficas oportunidades que tendrán si tocan bien. Eso me impulsó a mí en su momento... ¡la oportunidad de ser admirado!".

Los chicos de esta naturaleza reaccionan mucho mejor cuando un acto se formula en términos de elección, libertad y expresión personal, en lugar de restricción y deber. "Cuando quieras aprender a andar en bici, podrás hacerlo, y luego saldrás a pasear con tus amigos", en vez de: "Tus amigos se burlarán de ti si no sabes andar en bici".

Con los rebeldes es crucial ser franco respecto a las consecuencias de no satisfacer una expectativa, así como permitir que las experimenten. Sin embargo, esto puede resultar penoso, tanto para el padre como para el hijo.

Un rebelde explicó:

Aprendemos mejor cuando padecemos las consecuencias de nuestras decisiones. Puedo asegurarte que pago mis cuentas a tiempo y que todo en mi casa está en orden. Si tienes un hijo rebelde, quizá debas sufrir con él mientras aprende a asumir las consecuencias de sus decisiones, pero entre más pronto suceda esto, más pronto sabrá cuándo se puede salir con la suya... y cuándo no.

De igual modo, a los rebeldes los motiva mucho su identidad, así que es útil asociar una acción con una cualidad que el chico valora. Un rebelde recordó:

> El método más efectivo es darnos a escoger mediante algo que haga eco en nuestra identidad. Por ejemplo, la puntualidad fue durante años una fuente de tensión entre mi madre y yo. Ella me reprendía, me hacía amables recordatorios, o luego me gritaba, pero nada servía. Por fin, un día me dijo: "Siento que no puedo confiar ni depender de ti, y que cuando me haces esperar es como si me dijeras que tu tiempo es más importante que el mío. Si quieres ser alguien en quien no se puede confiar y hacer sentir a los demás poco importantes, está bien; pero si quieres ser alguien en quien la gente confía, del que puede depender y que los valora, la decisión está en tus manos". Fue como si en ese momento hubiera movido un interruptor, porque ella me dio a escoger y yo supe de inmediato lo que hacía eco con mi auténtico concepto de mí mismo. Entonces resolver mi problema se volvió fácil.

Igualmente, si algo es disfrutable, un rebelde querrá hacerlo. Cuando un hijo tiene esta personalidad (o cualquier otra, desde luego), puede ser útil hacer más divertida una actividad. "Para conseguir que mi hijo se lavara los dientes", recordó un padre, "nos poníamos a jugar; él fingía ser un veterinario que le limpiaba los dientes a un oso o un mecánico que lavaba una máquina." A un chico rebelde le agradará un desafío: "¿Cuánto apuestas a que no estarás listo en menos de dos minutos?, ¿o serás capaz de romper tu propio récord?".

Un ejemplo útil de cómo tratar con un chico así aparece en uno de mis libros favoritos, *These Happy Golden Years*, de Laura Ingalls Wilder. Con sólo dieciséis años, Laura (una cuestionadora, por cierto) imparte clases en una escuela y su alumno Clarence es un rebelde que se rehúsa a estudiar; no soporta que le digan que debe hacer sus deberes y los relega, pese a que es un muchacho listo con deseos de aprender.

Cuando ella pide consejo a sus padres, su mamá observa: "No intentes obligarlo, porque no lo lograrás". Entonces cambia de método; después de asignar sus deberes a todos los niños, le dice a Clarence: "Eso no se aplica para ti; [...] ¿Cuánto crees que puedes aprender? ¿Tres [páginas] sería mucho?".

Así consigue dos cosas. Primero, deja a Clarence la decisión y le da libertad. Segundo, lo enfrenta con un reto al que los rebeldes suelen responder. Cuando le sugiere que puede llegar a tres páginas y los demás harán más, él piensa: "Le demostraré a la maestra quién soy". Menos de una semana más tarde, Clarence ha alcanzado al resto del grupo.

Es crucial recordar que los rebeldes deben sentir que hacen lo que quieren, no lo que los demás quieren. Uno de ellos me escribió: "Si me dices que haga algo, me siento tu prisionero. Pero si me dices: 'Aquí hay cuatro posibilidades, elige la que prefieras', optaré por una de ellas".

He notado que los niños rebeldes mantienen relaciones inusualmente estrechas con sus abuelos; quizás encuentran en ellos la satisfacción de un firme lazo familiar con pocas expectativas.

Como comprenden la perspectiva de su tendencia, a los rebeldes se les facilita educar a un hijo rebelde. Una madre de esta clase me escribió: "Mi hija de cuatro años es también una rebelde. Le encanta que se le dé a escoger y tomar sus propias decisiones. La entiendo tan bien que dejo que escoja además de su ropa, la mía, y que decida la hora de acostarse para llegar a tiempo al jardín de niños a la mañana siguiente, también le permito que desayune espagueti y cene huevos". Desde luego que esta combinación de dos rebeldes plantea sus propios desafíos. Una amiga rebelde me dijo suspirando: "Cuando vamos a un restaurante, no me gusta decirle a mi hijo que no sople la mostaza con el popote, porque yo querría hacer lo mismo".

Como de costumbre, cuando reconocemos una tendencia podemos comunicarnos mejor. Por más que amemos a alguien, si no sabemos cómo acercarnos a él, nuestras bienintencionadas palabras y acciones podrían ser vanas.

El trato con un paciente rebelde

Esta tendencia puede redundar en graves problemas de salud.

Como los rebeldes se resistirán si se les dice que hagan algo, muchas estrategias útiles con los favorecedores, cuestionadores o complacientes serán *contraproducentes* en este caso. Esto puede ser muy frustrante para quienes quieren ayudar a los rebeldes en asuntos de salud; darles consejos bienintencionados, motivarlos, recordarles algo y exhortarlos podrían incitarlos a hacer lo contrario de lo que deberían. Incluso una enfermedad parecería algo a lo cual oponer resistencia. Por ejemplo, un rebelde explicó:

> Soy un diabético tipo 1 y me cuesta mucho aceptar que este problema de salud determina cómo me siento y qué hago. Sé que debería cuidarme "tomando el control de mi diabetes" y no dejar que ella me controle, pero al parecer no puedo hacerlo. Apenas reviso mi glucosa, tomo esporádicamente la insulina de acción inmediata —¡no me gusta programar mis comidas!— y no he consultado al endocrinólogo en años, así que ni siquiera sé cuál es mi nivel de hemoglobina A1C.

Los rebeldes no soportan la idea de "seguir las recomendaciones del médico". De hecho, si un doctor elogia a uno de ellos y le dice: "Está usted muy bien, ha seguido fielmente mis instrucciones", él podría dejar de hacerlo de inmediato, para hacer gala de libertad.

Los rebeldes reaccionan mejor cuando se les recuerda que ellos deciden lo que harán. En lugar de decirle a uno: "Debe hacer x", el médico podría sugerir: "Es cosa suya, por supuesto, pero x suele ser una solución efectiva", "¿Ha considerado la posibilidad de probar x?", "¿Qué opinión le merece x?", "Algunas personas han descubierto que x les da resultado" o "Algunas ideas para que considere incluyen x, y y z".

Estos sujetos se resisten incluso a las reglas que intentan imponerse a sí mismos. Un universitario rebelde me explicó: "Lucho contra mi sobrepeso, pero tan pronto como establezco lo que puedo cenar, ceno más. O digo que dejaré el pan y entonces compro una hogaza entera". Otro rebelde halló una forma ingeniosa de lidiar con esa resistencia: "Si quiero comer sanamente, consumo primero el chocolate o la comida chatarra. Me demuestro de este modo: 'Gané la guerra, ¡hago lo que quiero!'. El resto del día me siento en libertad de rebelarme contra mí mismo y hago lo que tengo que hacer".

Como ya se mencionó, para ayudar a un rebelde lo más eficaz es proporcionarle *información, consecuencias y elección*. Esto reportó un doctor favorecedor:

> Soy médico familiar y una vez tuve una paciente muy reacia a mis recomendaciones para bajar de peso y tratar su prediabetes/resistencia a la insulina. Mientras hablaba con ella, en mi cabeza brotó la palabra "rebelde". Cambié de táctica y le hice una lista de sugerencias que podía probar "si quería", en lugar de usar el estilo prescriptivo que es útil

con la mayoría de la gente. En la siguiente cita, resultó que la paciente había seguido una de mis recomendaciones; bajó de peso y se sentía mucho mejor. No hubiera obtenido ese resultado si yo hubiera sido prescriptivo, porque ese método funciona con los favorecedores y complacientes, así como con los cuestionadores, porque siempre doy una explicación detallada de mis recomendaciones, pero nunca serviría con los rebeldes.

Éstos pueden beneficiarse de información como su peso diario o el número de pasos que dan al día, y en su caso es provechoso el monitoreo que se puede plantear así: "Quizá le interese saber cuánta actividad física hace" en vez de "Debe dar diez mil pasos al día o usar este rastreador de actividad".

Apelar a la elección, la libertad y el placer surte efecto en los rebeldes: "Este medicamento/dieta/rutina de ejercicios/ hábito diario te hará sentir mejor, te dará más energía, te quitará el dolor, resultará interesante, mejorará tu desempeño, favorecerá tu vida sexual, te brindará la vida que deseas". Un nutriólogo podría decir: "Uno de mis pacientes descubrió que cuando dejó el azúcar sentía más vigor y su rendimiento en el tenis mejoró". En lugar de decirle al rebelde qué hacer, le da información para que él decida. Uno de ellos recordó:

Mi entrenador personal preferido me decía siempre: "Pruébalo una semana, y si no te gusta deja de hacerlo". Sin presión, sin culpa, sin reglas, sólo mediante el descubrimiento de ti mismo y siempre contra la corriente. No soy bueno para apegarme a ningún programa; todas esas cosas de treinta días me parecen muy restrictivas. Si decido seguir algo así, tengo que infringir una de sus reglas.

También es posible ofrecer ayuda: "¿Te facilitaría que yo organizara tus pastillas por semana?", "¿Te agradaría dar un paseo si te acompaño?".

Una mujer desesperada me mandó un mensaje en el que exponía sus inútiles esfuerzos para que su rebelde esposo dejara de fumar. No es de sorprender que sus constantes exhortaciones no dieran resultado, aunque él insistía en que quería dejar el vicio. Como me pidió alguna sugerencia, le escribí:

Tal vez tu esposo pueda cambiar su manera de pensar sobre cómo abandonar el tabaquismo.

—A los rebeldes les disgusta sentirse atrapados, constreñidos, así que deberían ver el tabaquismo como una trampa: "Estoy encadenado por la adicción; me vuelvo incapaz sin un cigarro".

—Detestan que se les explote: "Lleno de dinero los bolsillos de las grandes compañías tabacaleras".

—Gustan de expresar su identidad. "Soy un no fumador. Ésta es la persona que decido ser. Eso es lo que quiero".

—Valoran el placer. "Me sentiré muy bien cuando despierte sin toser ni dificultad para respirar, cuando sienta más energía y no bufe al subir las escaleras".

—Valoran la libertad. "En sitios como edificios de oficinas o aeropuertos me ordenan dónde fumar".

—Les agrada hacer las cosas a su manera: en lugar de seguir un programa estándar para dejar de fumar, él podría inventar una forma propia de hacerlo.

—NOTA: con los rebeldes siempre funciona la táctica "¡Ya lo verás!": "Cariño, creo que es muy difícil dejar de fumar; el cigarro te ha atrapado, no lo abandonarás nunca, así que quizá deberías dejar de intentarlo".

Aquella señora me respondió informándome sus avances: "La estrategia más efectiva fue adaptar el último punto. Le dije a mi esposo que nuestro hijo de dieciocho años cree que un viejo como él no puede dejar de fumar (en verdad lo dijo) y él reaccionó diciendo de manera enfática '¡Ya lo verá!'".

A los individuos de este grupo también les gusta frustrar las convenciones y demostrar que son demasiado listos para caer en las trampas que engañan a la mayoría. Uno de ellos dejó de beber con un estilo muy propio de su tendencia:

> De pronto me di cuenta de que me gusta beber, pero no me agrada subir de peso, gastar mucho, ponerme en ridículo en las fiestas ni sufrir la resaca. Una vez que me percaté de las mentiras que el mundo dice sobre la bebida y lo agradable que es —esas personas atractivas y esbeltas que aparecen en la televisión bebiendo y comiendo todo el tiempo sin que jamás se enfermen, empobrezcan ni engorden—, me fue mucho más fácil desprenderme de ella.

Los rebeldes quieren expresar sus valores a través de sus actos, así que asociar un hábito con una identidad importante puede ayudarles a cambiar.

Elección de carrera como rebelde

Lo diré de nuevo: los rebeldes pueden hacer todo lo que les *place*. Así, suelen buscar carreras que les ofrezcan la flexibilidad de elegir sus actividades, establecer su propio horario y no tener que recibir órdenes de nadie. He oído decir a muchos de ellos que se esmeran en crear situaciones en las que cada día sea distinto, sin expectativas ajenas fijas. "Tengo un horario muy flexible. Antes trabajaba en una oficina y no lo soportaba; ahora, como gerente de proyectos y director de recursos humanos de un restaurante, trabajo en casa y voy ocasionalmente al restaurante. Elaboro mi propio horario cada día y todos son diferentes." "Soy un contratista de tecnología de información; me aburro y cambio de trabajo muy frecuentemente, aunque por fortuna pocas veces me he quedado sin empleo." "Soy un contador especialista en impuestos. ¡Me enfrento a diario con fechas límite y reglas absurdas y arbitrarias! Sin embargo, trabajo por mi cuenta, así que controlo mi vida laboral y mi base de clientes."

Los rebeldes suelen poner negocios propios porque no les gusta responder a nadie que no sean ellos mismos... y en ocasiones ni siquiera a sí mismos. Conocí a uno en una conferencia de tecnología que me dijo: "Debo trabajar para mí porque quiero despertar cada día y hacer sólo lo que me place". Yo insistí: "Pero tienes tu empresa, así que sin duda hay tareas que debes hacer aunque no quieras". "Bueno, ése es un problema terrible", admitió, desanimado, "hay cosas que no hago hasta que no me queda otro remedio. Esto afecta mi negocio."

Un exitoso emprendedor rebelde me comentó: "Trabajar por nuestra cuenta no es muy efectivo; no nos gustan los detalles administrativos, las fechas límite y cosas como ésas. Yo he puesto tres compañías con mi esposa, quien es una favorecedora y equilibra mi lado rebelde, así que formamos un equipo fantástico".

Los rebeldes se desarrollan mejor en una situación que los desafía y a la que pueden responder a su manera. Quizás a esto se deba que muchos graviten a las ventas, campo en el que los resultados tienden a ser lo más importante.

La esposa de un rebelde observó: "Él discute mucho con su jefe, pero también es el mejor vendedor, no 'a pesar de' sino 'porque' ignora las reglas que él le impone y que le harían perder ventas".

También en las industrias creativas los resultados son lo que más cuenta. Mi hermana, Elizabeth, es escritora y productora de televisión y observó: "En Hollywood, los rebeldes se salen con la suya e incumplen las reglas siempre que produzcan algo bueno. Los que son directores quieren hacer las cosas a su modo y no les importa lo que los demás piensen; en términos creativos, pueden conseguir de esa forma excelentes resultados, aun si el proceso es ingrato para todos los que los rodean".

Conversé con una rebelde abogada corporativa, empleo que no necesariamente parece un buen ajuste para una persona de esta clase. "¿Cómo te va?", le pregunté. "Muy bien", contestó. "Actúo durante una crisis, cuando la gente está dispuesta a correr riesgos. Si las cosas no están funcionando, las desarmo, corrijo lo que está mal y me voy. Las cosas estables y estructuradas me sofocan."

Al mismo tiempo, como ya se indicó, los rebeldes pueden sentirse atraídos a áreas muy reglamentadas, como la policía, el ejército y el clero.

RESUMEN: EL TRATO CON UN REBELDE

Se resisten a las expectativas tanto externas como internas.

Conceden alto valor a la libertad, la elección, la identidad y la expresión individual.

Si alguien les pide que hagan algo, es probable que se resistan.

Pueden responder positivamente a un reto: "¡Ya lo verás!", "Fíjate en lo que haré", "No puedes obligarme", "No eres mi jefe".

Podrían actuar por amor, por una misión o defendiendo una causa.

Tienen dificultades para establecer qué deben hacer, aun si *quieren* hacerlo.

Enfrentan los retos a su manera y a su ritmo.

No reaccionan bien a la supervisión, consejos o las instrucciones.

Suelen ser buenos para delegar.

Si su pareja es una persona complaciente quizás establezcan una relación prolongada.

APLICACIÓN DE LAS CUATRO TENDENCIAS

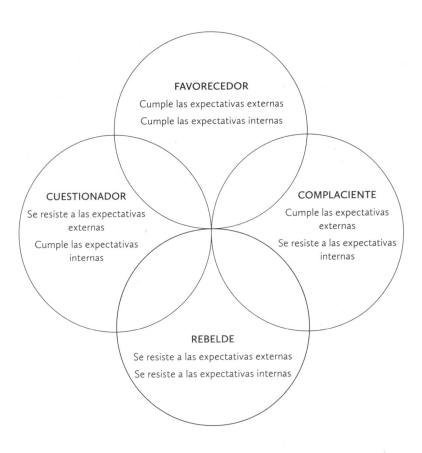

FAVORECEDOR

Cumple las expectativas externas

Cumple las expectativas internas

CUESTIONADOR

Se resiste a las expectativas externas

Cumple las expectativas internas

COMPLACIENTE

Cumple las expectativas externas

Se resiste a las expectativas internas

REBELDE

Se resiste a las expectativas externas

Se resiste a las expectativas internas

11. Cuando las cuatro tendencias forman pares

Ninguna relación está condenada al fracaso ni garantizada sobre la base de las tendencias. No obstante, cuando personas de tendencias diferentes se juntan —en una pareja, como padre e hijo, entre colegas o en cualquier otro tipo de asociación—, suelen emerger ciertos patrones.

Cuando conocemos a alguien, frecuentemente nos atraen las cualidades que, con el paso del tiempo, nos sacarán de quicio. Una persona favorecedora podría interesarse, en principio, por un rebelde y su renuencia a cumplir las reglas, y a éste podría gustarle la aptitud de aquélla para hacer cosas, pero cinco años después de haberse casado podría ser que esas cualidades les resulten mucho menos atractivas.

Desde luego, eso no es lo único que importa, pero conocer las cuatro tendencias puede brindarnos una idea útil sobre nuestras relaciones.

Favorecedor-favorecedor

He conversado con muy pocas parejas de favorecedores, lo cual podría significar que este dúo no es muy afortunado o reflejar sencillamente que los favorecedores son minoría.

Cuando tengo oportunidad de hacerlo, a mí me gusta trabajar con otros favorecedores: puedo confiar en que terminarán una tarea sin necesidad de apresurarlos y ellos me dicen con franqueza si soy demasiado exigente.

Sin embargo, no estoy tan segura de que querría casarme con uno. Su afán de cumplir expectativas podría ser demasiado intenso, y aun si dos favorecedores se llevan bien, quizá produzcan un entorno difícil para otros. Una mujer de esta tendencia me escribió:

> También mi esposo es favorecedor, y mi hija, de trece años, me dice: "Mamá, no conozco a otros padres como ustedes". Tomo esto como un cumplido; ambos valoramos mucho el carácter y la disciplina. Yo soy coach de salud y él entrenador de tenis; con nuestros clientes y alumnos somos pacientes y atentos, pero "tras bambalinas" podemos ser muy críticos. A los dos nos desalienta que los demás no siempre hagan lo que les decimos.

Aunque es probable que dos favorecedores logren muchas cosas, también hallarán inconvenientes. En un viaje que hicimos, el padre favorecedor de la otra familia con la que viajábamos y yo decidimos llevar a nuestros hijos a pasear en yate por Berlín. Vimos que a la orilla del río había muchos lugares para abordar yates turísticos; un guía señaló uno de ellos y nos dijo: "El siguiente yate saldrá de aquel embarcadero". En un abrir y cerrar de ojos, los dos favorecedores ya estábamos en ese embarcadero vacío, desde donde contemplábamos a los pasajeros que abordaban una lancha en otro, a unos metros de distancia. "¡Él nos dijo que el siguiente yate saldría de aquí!", exclamó mi amigo al tiempo que aquella lancha partía. "¡Ya lo sé!", repuse.

No nos quedó otro remedio que reírnos de nosotros mismos. A pesar de que habíamos visto que un embarcadero estaba vacío y el otro no, nos apegamos a lo que dijo el "experto". Pensé que si Jamie hubiera estado ahí, habríamos preferido ese embarcadero en lugar del otro; tiene sus ventajas disponer en casa de un cuestionador.

Favorecedor-cuestionador

Los favorecedores suelen formar pares con cuestionadores. Mi matrimonio es así, y considero que se trata de una combinación muy útil para ambas partes. En ocasiones, los favorecedores cumplen expectativas en forma demasiado diligente, así que la presencia de un cuestionador les ayuda a poner en duda o rechazar demandas que de lo contrario cumplirían sin pensar. Desde la perspectiva del cuestionador, los favorecedores son por lo general cónyuges fáciles, porque satisfacen expectativas de buena gana.

Mi hermana me hizo ver que, como favorecedora, tengo a dos cuestionadores muy influyentes en mi vida: mi esposo y mi agente literaria, Christy Fletcher. El afán inquisitivo de ambos me salva de hacer cosas que no debo, en casa y en el trabajo.

Por ejemplo, cuando se publicó la edición rústica de mi libro *Better Than Before*, me pidieron escribir un artículo para una revista. La propuesta era redactar una nota en primera persona sobre las cuatro tendencias, con una breve introducción que explicara cada una, y después, dar un consejo sobre cómo dominar hábitos, todo en aproximadamente mil palabras. ¡Fácil!

Escribir eso sería muy pesado, y sentí el alma en vilo mientras leía y releía aquella descripción. Entonces se me ocurrió una escapatoria; le envié a Christy un correo que decía: "¿Debo hacerlo?". "¡De ninguna manera!", respondió ella al instante.

Como favorecedora, estar casada con el cuestionador Jamie me ha ayudado a interrogarme más a mí misma (de hecho, quizás él querría que yo no fuera tan cuestionadora; es muy grato tener un cónyuge que por lo común hace lo que se le pide sin chistar). Al mismo tiempo, me impacienta su negativa a actuar hasta que todas las preguntas hayan sido contestadas, por no mencionar su renuencia a responder las interrogantes que se le hacen. No obstante, es un alivio tanto para favorecedores como para cuestionadores que su pareja pueda satisfacer pronto sus expectativas internas.

A los padres favorecedores podrían molestarles las preguntas de sus hijos cuestionadores, porque esperan que éstos *actúen y ya*. Un padre favorecedor me escribió:

> Mi hijo cuestionador me desespera de vez en cuando; me resulta difícil entender por qué sencillamente no hace lo que debe. Sé que todos los chicos pueden ser fastidiosos, pero, en mi opinión, actividades como ponerse los zapatos, hacer la tarea de gramática y bañarse son cosas que deben hacerse sin más. Para un chico cuestionador, sin embargo, todo está sujeto a negociación.

Favorecedor-complaciente

Como las demás tendencias, los favorecedores hacen buen equipo con los complacientes. Ambos comparten el deseo de satisfacer las expectativas externas (a diferencia de los cuestionadores y los rebeldes), y por tanto cooperarán y respetarán ese anhelo mutuo.

A los favorecedores les agrada que la mayoría de los complacientes sean tan confiables para satisfacer expectativas externas, aunque podría impacientarles su incapacidad para cumplir las internas.

Asimismo, pueden ser muy poco tolerantes con los complacientes que se sienten presionados por las expectativas. Por ejemplo, un complaciente podría decirle a un jefe favorecedor: "Estoy exhausto; llevo cinco noches seguidas acostándome a las tres de la mañana para tener listo el informe". En lugar de responder con la apreciación que éste espera, el favorecedor podría replicar: "Tienes que aprender a manejar tu carga de trabajo para que no te agotes tanto; debes dormir para poder rendir al máximo".

Por su parte, los complacientes pueden sentirse abrumados por lo que esperan de ellos y pueden sentirse juzgados, porque en ocasiones los favorecedores no comprenden por qué a los complacientes se les complica satisfacer las expectativas internas.

Estos últimos consideran a veces que los favorecedores son fríos o egoístas, porque tienden a cumplir una expectativa interna aun si está en conflicto con una externa. Una complaciente (al parecer a punto de rebelarse) me escribió:

> Durante nuestro matrimonio, que lleva ya nueve años, mi esposo (un favorecedor) terminó sus estudios de medicina, hizo su residencia y ahora tiene un empleo. Fue un alumno muy dedicado y a mí me emocionó que concluyera sus exámenes; pensé que, por fin, tendría tiempo para mí. Para mi consternación, descubrí que él tendrá siempre una meta o proyecto importante en el cual trabajar. Y como soy complaciente, interiorizo sus metas, lo cual quiere decir que "lo he suplido" de hacer las labores que tradicionalmente haría un hombre para que él pueda concentrarse en la escuela, etcétera.

Sin embargo, no creo que sus metas beneficien a toda la familia, y me incomoda que busque ocupaciones "extra" y tenga fechas límite fijas para cosas que no considero importantes. Tenemos tres hijos, y él ayuda mucho, es cierto; pero siento que lo hace deprisa, para seguir sus propias metas. Se levanta muy temprano (a las cinco de la mañana) y frecuentemente me despierta. Como yo me levanto varias veces durante la noche para atender a los niños y me he privado de sueño durante varios años, me molesta mucho que lo haga, sólo porque él quiere cumplir sus objetivos.

Actúa como si tuviera mucho que hacer, pero en mi opinión no es así, porque esas cosas no son expectativas externas. Ahora que pendo de un hilo, me gustaría que se concentrara en lo básico y no asumiera metas adicionales que inevitablemente se volverán mías también. Si yo me desentendiera de sus metas, sería como si yo no existiera para él, porque eso es lo único que le importa.

Comprendo ambas perspectivas en este caso. Como favorecedora, debo decir que el lamento de esta complaciente me ofreció una noción totalmente nueva acerca de por qué a los complacientes les impacientan los favorecedores.

Quizás a los favorecedores les incomoda que los complacientes digan: "Hago esto porque me dijiste que lo hiciera" o "Lo hago por ti"; quieren personas que realicen cosas por sus propios motivos, lo que para los complacientes representa una exigencia desmesurada.

Conocer las tendencias puede ayudar a evitar conflictos. Una favorecedora me escribió: "Saber que mi pareja es un complaciente mejoró nuestra relación, porque ahora entiendo que si no cumple algo no es porque sea descuidado o indisciplinado; simplemente necesita responsabilidad externa".

Favorecedor-rebelde

En general, favorecedores y rebeldes no se asocian con facilidad; ven el mundo de maneras muy distintas y se desarrollan en entornos muy diferentes. La infracción de reglas inquieta al favorecedor y emociona al rebelde; y al paso del tiempo, esto puede causar muchos problemas. Como me escribió una lectora: "Soy una favorecedora casada con un rebelde; a él le cuesta mucho tratar con jefes, odia nuestra iglesia y casi siempre que tiene que trabajar se pone de malas; en casa sólo hace las labores que le gustan; yo voy con un terapeuta, él no. Lo amo porque fue mi salvación a lo largo de un tratamiento de cáncer muy difícil (¡durante el cual no dio seña alguna de rebeldía!)".

De igual forma, a los favorecedores les gustan los programas, planes y tareas y les desagradan los cambios o su ejecución a medias, en tanto que los rebeldes se niegan a atarse a cualquier tipo de compromiso. Entre más intenta el favorecedor fijar algo en el calendario o la lista de pendientes, más desea el rebelde ignorarlo.

La combinación favorecedor-rebelde puede ser muy complicada cuando involucra a un padre y un hijo, sea quien sea el favorecedor o el rebelde.

Una amiga rebelde tiene un hijo favorecedor y le pregunté: "Supongamos que en la escuela de tu hijo hay una regla como 'Los niños deben vestir todos los viernes camisas con cuello abotonado'. ¿Qué harías?". Lo pensó un momento: "Si fuera importante para él, le compraría la camisa". Ella es una rebelde que pone mucho énfasis en ser una madre amorosa y comprensiva, pero jamás lo *obligaría* a ponérsela.

Como de costumbre, el éxito del vínculo entre un favorecedor y un rebelde dependerá de sus demás rasgos de personalidad. En el matrimonio, por ejemplo, un favorecedor podría llevarse bien con una persona rebelde que conceda alto valor a su identidad como pareja útil y cariñosa.

Esta dupla podría funcionar también en una relación sin muchas expectativas mutuas. Me escribió una rebelde: "A mi favorecedora compañera de departamento le horrorizó descubrir que yo me levantaba todos los días a una hora distinta. ¡Y a mí me horrorizó saber que cada mañana ella reconocía a los usuarios del metro!". Aunque a cada una de ellas le asombraba la conducta de la otra, su vida no se veía afectada por eso, lo cual mantenía su amistad intacta.

Lo cierto es que ninguna combinación de tendencias está condenada al fracaso; dada la mezcla correcta de personalidades y circunstancias, cualquier pareja puede dar resultado. Como explicó una favorecedora:

> La tendencia rebelde de mi pareja me equilibra y me ayuda a moderar mi lado favorecedor. Me gusta ser como soy, pero en ocasiones mi tendencia ha sido mi ruina, sobre todo cuando me resistí a aceptar que era lesbiana. Salir del clóset me hizo sentir que defraudaba al mismo tiempo mis expectativas y las de mi familia, lo que para una favorecedora es demasiado.
>
> En contraste, mi pareja nunca tuvo problemas para salir del clóset, porque le encanta ir contra la corriente. Su tendencia rebelde le ayudó a protegerse emocionalmente durante lo que, para la mayoría, es un muy difícil periodo de autodescubrimiento. La seguridad en sí misma es una de las cosas que siempre he admirado de ella. A pesar de que su espontaneidad puede ser frustrante, me obliga a tomar las cosas más a la ligera y darme cuenta cuando "cumplo por cumplir". Por ejemplo, me cuesta mucho cancelar planes, pero si no me siento bien o he tenido una semana estresante,

a ella le agrada ver que finalmente cedo y cancelo, lo que contrarresta la sensación de que no he satisfecho expectativas que me fijé. Y pese a su tendencia rebelde, le gusta hacerme feliz y por tanto acepta las listas, calendarios y planeaciones interminables que impongo en nuestra vida diaria (a lo que aporta una buena dosis de humor).

Otra rebelde explicó por qué cree que la pareja favorecedor-rebelde puede resultar bien: "Admiro la extrema dedicación e incansable persecución de metas de mi esposo, un favorecedor; él valora mi independencia e inconformismo. Pertenecemos a las dos tendencias 'extremas' y en realidad ninguno de los dos comprende a los complacientes y los cuestionadores; para nosotros, son poco sistemáticos y pusilánimes".

Favorecedores y rebeldes pueden aprender mucho del otro. Tras divulgar el hecho de que mi lema como favorecedora es "La disciplina es mi libertad", un perceptivo rebelde replicó: "Como lema para los rebeldes, propongo invertir el tuyo, Gretchen; después de todo, podría decirse que favorecedores y rebeldes somos opuestos. Así, mientras que ustedes se rigen por el lema 'La disciplina es libertad', yo me rijo por el de 'La libertad es mi disciplina'".

Cuestionador-cuestionador

En algunos casos, el vínculo entre dos cuestionadores es afortunado, porque ambos comprenden y aprecian la importancia de obtener respuestas a sus preguntas. Una cuestionadora explicó:

Mi esposo y yo somos de la misma tendencia, aunque con sus variantes. Él dedicará horas enteras investigando dónde comprar una tienda de campaña, algo que yo no haría nunca (tomo decisiones de compra rápidas), pese a que me agrada saber que él ha examinado el asunto.

He visto que somos muy diferentes a otras parejas, porque interrogarnos entre nosotros no nos hace sentir amenazados o criticados. Comprendemos la necesidad de analizar una decisión desde múltiples ángulos; lo consideramos útil en vez de fastidioso. Es bueno que él no se sienta criticado cuando pongo en duda sus decisiones, compras o planes; lo entiende, e incluso lo aprecia.

Por otro lado, a dos cuestionadores se les podría dificultar tomar decisiones. Una amiga cuestionadora observó: "Como ambos somos cuestionadores, corremos el riesgo de estancarnos". "¿Como en qué?", pregunté. "Cuando estábamos remodelando la casa, nos dimos cuenta de que debíamos cambiar el lavavajillas, y cada vez, terminábamos en el patio decidiendo si debíamos añadir o no un segundo piso; cada pregunta nos llevaba a muchas otras." "¿Cómo resolvieron ese asunto?" "Durante dos años conservamos un lavavajillas inservible, porque no nos decidíamos. Yo llegué por fin a la conclusión de que cualquier lavadora era mejor que ninguna. Le dije a mi esposo: 'Tenemos invitados el próximo mes y para entonces debemos tener instalado el nuevo lavavajillas'. Ambos reaccionamos bien a las fechas límite."

La combinación padre-hijo cuestionadores suele ser funcional; el primero comprende la resistencia del segundo a hacer cosas arbitrarias o injustificadas y está dispuesto a explicar sus razones como padre; el hijo respeta la sensata toma de decisiones del padre.

No obstante, la aversión del cuestionador a que se le cuestione podría generar contrariedad. El padre cuestionador dice: "Cenaremos lo que pueda cocinar", y el hijo cuestionador dice: "Estoy lidiando con un trabajo de ciencias, no quiero hablar de eso". Hay explicaciones de por medio —ambos son cuestionadores, después de todo—, pero a ninguno de los dos les gustan las interrogantes que se les dirigen.

Cuestionador-complaciente

Pese a que los complacientes son buenos compañeros de los cuestionadores, hay posibles puntos de conflicto. Una complaciente dio un ejemplo sencillo, pero revelador: "Yo cruzo las calles en las esquinas y obedezco las señales de paso, mientras que mi esposo cuestionador no considera importante ninguna de esas cosas y es un peatón imprudente".

A los complacientes puede exasperarles la constante demanda de razones, información y justificaciones de los cuestionadores. Uno de ellos relató:

> Tuve una vez una jefa cuestionadora que nunca tenía suficiente información para tomar una decisión hasta que llegaba el último minuto. Yo soy complaciente y hacía modelos y pronósticos financieros para ella, así que dediqué horas a crear nuevos modelos con supuestos ligeramente distintos, los cuales concluían con casi la misma respuesta que el modelo original.

Los complacientes harían bien en recordar que los cuestionadores son mucho más cooperativos cuando entienden por qué se les pide hacer algo. Una complaciente me escribió: "Ahora sé que cuando le pido a mi esposo cuestionador que haga algo tengo que explicar el motivo por el que es importante. Antes creía que si algo debía hacerse, él tenía que hacerlo; hoy sé que necesita una razón. Hemos tenido 'conversaciones' durante varias horas que podríamos haber evitado si yo le hubiera dado los motivos con antelación".

A un padre complaciente puede impacientarle mucho un hijo cuestionador, cuyas preguntas podrían parecerle tediosas o impertinentes. Una complaciente me dijo:

> Soy de la opinión de que si tu padre, maestro o entrenador te dice que hagas algo, lo debes hacer y ya. Pero mi hija cuestionadora se niega a hacer lo que sea hasta saber por qué se le pidió. Aunque sé que su intención no es hacerse tonta o ser poco cooperativa, me preocupa que otros adultos no sean tan pacientes con ella.

En ocasiones, cuando los cuestionadores ven que los complacientes no satisfacen una expectativa interna, se muestran bruscos o despreciativos; como ellos no tienen dificultades para cumplir esa clase de expectativas, no entienden ese dilema. De igual modo, cuando los complacientes se quejan de que "tienen que" hacer algo, los cuestionadores piensan: "Si no quieres hacerlo, no lo hagas" o "¿Por qué aceptaste si no querías?".

Cuestionador-rebelde

A cuestionadores y rebeldes los une una afinidad: ambas tendencias se sienten justificadas —en mayor o menor grado— para fijar reglas para ellas mismas y rechazar las expectativas externas. Un rebelde me escribió: "Me llevo bien con los cuestionadores; es como si dijeran: 'No me importa lo que los demás digan que debemos hacer; eso no tiene sentido para mí, así que no lo haré, ¿y tú?', mientras que yo digo: 'No tengo ganas de hacerlo'".

A favorecedores y complacientes esa actitud podría parecerles una desconsideración total a las expectativas, pero a cuestionadores y rebeldes les sorprende que alguien pueda comportarse de otra forma.

Sin embargo, los cuestionadores pueden impacientarse con la desobediencia automática y negativa de los rebeldes a hacer algo justo, eficiente o razonable; a éstos les tiene sin cuidado la insistencia de aquéllos en la información y las justificaciones. Un lector me contó:

> Soy un cuestionador y ahora hay un rebelde en mi oficina que hace lo que quiere cuando el grupo ya ha decidido hacer otra cosa y pierde tiempo en cosas que no aportan valor. A mí me encanta mi trabajo, porque consiste en indagar por qué las cosas son de cierta forma y hallar respuestas basadas en datos e investigación. Sin embargo, llego molesto a casa porque esa persona ignora los nuevos datos e investigaciones y sólo se concentra en lo que ella cree. Me desconcierta que no cumpla las fechas límite y que mis preguntas queden sin respuesta.

Una cuestionadora que tenía por pareja a un rebelde me expuso los pros y contras de esta combinación:

> Nos entendemos muy bien cuando tomamos decisiones extravagantes que van contra la corriente, porque yo he investigado y me siento bien con eso y a él lo hace extrañamente feliz hacer algo inesperado. Por otra parte, decisiones

como la elección de automóvil pueden desfasarnos; yo me sumerjo en la indagación y a él le aterra la perspectiva de "atarse" al mismo coche. Con frecuencia, ambos estamos de acuerdo cuando las expectativas externas no significan nada para nosotros.

Complaciente-complaciente

Dependiendo de las circunstancias, una relación entre dos complacientes puede ser muy armoniosa —dos de las parejas de casados más felices que conozco responden a este modelo—, pero podría complicarse por la demora al entrar en acción. Uno de ellos explicó: "Aunque nos gusta comer sanamente, cuando uno de nosotros dice: '¿No se te antoja una pizza?', el otro contesta: '¡Claro que sí!'. Se nos dificulta motivarnos a realizar actividades sanas, como ejercicio. Es fácil trazar grandes planes de todo lo que podríamos hacer, pero después nada de eso sucede".

La clave para este tipo de relación es establecer sistemas de responsabilidad externa, lo que frecuentemente significa responsabilidad fuera de la pareja. Pese a que un matrimonio quiera apegarse a un presupuesto preferirían no tener que rendirse cuentas, por lo que reuniones regulares con un asesor o coach financiero generarían responsabilidad.

Un padre y un hijo complacientes pueden llevarse bien; cada cual se siente responsable del otro, así que juntos pueden lograr mucho. Uno de ellos me escribió:

Necesitaba responsabilidad para levantarme temprano, y como mi mamá también quería hacerlo le propuse que fuéramos compañeros de estudio de la Biblia. Le llamo a las siete de la mañana, nos ponemos rápidamente al tanto uno de otro, después leemos un pasaje y lo comentamos; al final rezamos por nuestro "compañero". Es la solución perfecta, porque nos saca de la cama y nos inculca un nuevo hábito de leer la Biblia todos los días, algo que yo había querido hacer siempre. Además, a ambos nos hace muy felices compartir ese momento.

Complaciente-rebelde

Este inquietante patrón de asociación se analizó en el capítulo 10, en la sección "El trato con un cónyuge rebelde y el patrón de la pareja rebelde/complaciente".

Algunos pares de esta clase experimentan frustración. Por ejemplo, muchos hijos complacientes me han dicho que es difícil tener un padre rebelde.

Una amiga me contó: "Mi madre adora a sus nietos, pero si le pido que los cuide, quiere llevarlos a su casa a la hora que más le acomode; todo tiene que ser a su manera, y por este motivo ella se lo pierde. Mi esposo y yo no acostumbramos tomarla en cuenta, porque pensamos: 'Queremos llegar a tiempo o hacer las cosas de determinado modo, y ella no se adecuará a eso'".

Otra complaciente me escribió: "Una vez le dije a mi padre que cierto evento empezaría a las seis cuando en realidad era a las siete, porque es un impuntual crónico. Me dijo que era una manipuladora y tiene razón".

¿Manipuladora... o realista? La diferencia es demasiado sutil.

Rebelde-rebelde

Los rebeldes no suelen congeniar entre sí. Una complaciente observó: "Mi esposo y mi hija son rebeldes, e irónicamente ambos detestan la rebeldía del otro. Se juzgan muy severamente entre sí por hacer justo lo que ellos mismos hacen: se llaman perezosos, señalan sus defectos y riñen todo el tiempo".

Una lectora me escribió: "Conozco una pareja rebelde-rebelde que marcha bien por dos razones: *1)* Él gana mucho dinero en su propia empresa, que ama obsesivamente, y ella se queda en casa y hace lo que le da la gana después de llevar a los niños a la escuela. *2)* Ambos tienen una identidad fuerte que les hace querer ser buenos padres e integrantes de una familia".

Intrigada por esta rara caracterización de una pareja de rebeldes, le escribí a esa lectora para preguntarle: "¿Cómo deciden qué hacer, cuándo y dónde ir de vacaciones, por ejemplo?". Los rebeldes generalmente se resisten a que se les diga que deben hacer algo en determinado momento, aun si quieren hacerlo.

Mi fuente contestó:

Me encanta lo que ellos cuentan sobre sus vacaciones. Ella elige lo que quiere y él decide si desea ir o no; hasta ahora se ha quedado en pocas ocasiones, pero ella no lo obliga a ir, porque tampoco dejaría que él lo hiciera. Planean la mayoría de sus eventos de esta forma: si uno tiene un plan, el otro puede asistir o no. Cuando se trata de eventos de sus hijos, se turnan, porque ambos consideran ingrato hacer lo que "se supone" que deben hacer. No creo que su relación funcionara si no delegaran tanto.

Una pareja rebelde-rebelde describió así su relación:

Soy del tipo que yo llamaría "rebelde autónomo" [rebelde/complaciente]; necesito autonomía, espacio, libertad, flexibilidad para moverme, cambiar de perspectiva y no sentirme demasiado atada. Quiero cambiar un plan tan pronto como empieza a formarse en mi cabeza. Mi esposo es diferente, aunque también rebelde; yo lo llamaría "rebelde independiente" [rebelde/cuestionador]; le gusta ser original, hacer las cosas a su manera, ser fiel a sí mismo y expresarse en lo que hace y cómo lo hace.

Nuestra vida en común es casi nula, si soy franca. Yo trabajo en otra ciudad, así que no vivimos juntos; tenemos dos departamentos. Cada vez que convivimos un par de días, comienzo a sentirme intranquila. Ninguno de los dos dedicamos mucha reflexión, tiempo, energía o dinero a mantener en orden nuestros departamentos, de modo que destinamos muy poco tiempo a esas tareas.

Estos dos rebeldes forman una pareja exitosa porque han forjado una vida que responde a sus necesidades en vez de intentar seguir un modelo convencional.

Muchas personas me han dicho: "Soy un rebelde con un hijo rebelde y no sé cómo le hacen los no rebeldes para tratar con un hijo así". No obstante, una madre rebelde me dijo: "Antes me sentía culpable por no estar al pendiente de mi hija y recordarle que hiciera su tarea o cosas por el estilo. Ahora que sé que es una rebelde igual que yo, entiendo que es mejor no hacerlo".

Algunos de estos pares de tendencias iguales funcionan más armoniosamente que otros, lo que depende en gran parte de la situación. Pero cuando surgen conflictos, sea en el hogar o en el trabajo, existe una regla que puede eliminarlos en gran medida: siempre que sea posible, debemos permitir que el otro haga las cosas como lo crea más conveniente.

Pese a que esto parece obvio, en muchos casos nuestra tendencia —lo mismo que nuestra naturaleza humana— hace que queramos imponernos sobre los demás, cuando lo mejor sería dejar que hagan las cosas a su manera.

Por ejemplo, como favorecedora yo siempre quiero seguir las reglas y hacer las tareas al momento; como cuestionador, Jamie siempre quiere hacer lo que parece más eficiente. ¿La solución? Yo manejo mis tareas a mi modo, él las suyas y ninguno de los dos interfiere en los asuntos del otro.

Quizá creemos saber cuál es la "mejor" manera o la forma en que otros "deberían" actuar, pero, sea en casa o en el trabajo, mientras las tareas se lleven a cabo, debemos permitir que los demás se las arreglen como puedan. Nos llevamos mejor con los demás cuando reconocemos y respetamos su modo de ver el mundo.

12. *Cómo hablar claramente con individuos de cada tendencia*

Sea en el trabajo, la casa o el mundo en general, todos tratamos de convencer a la gente o de influir en ella para que haga lo que queremos (aun si lo que queremos es que nos deje en paz). Cuando consideramos nuestra tendencia, podemos crear circunstancias y mensajes ideales para nosotros, y cuando consideramos las tendencias de los demás podemos crear situaciones y mensajes ideales para ellos.

Es fácil suponer que lo que nos convence a nosotros convencerá a otros, lo cual no es cierto. Uno de mis secretos de la edad adulta es que nos parecemos a los demás *mucho más* o *mucho menos* de lo que creemos. Y es muy difícil tener esto en mente.

En pocas palabras, para convencer a alguien de que siga determinado curso, es útil recordar que:

- Los favorecedores quieren saber lo que debe hacerse.
- Los cuestionadores quieren justificaciones.
- Los complacientes necesitan responsabilidad.
- Los rebeldes quieren libertad para hacer las cosas a su manera.

De modo similar, podemos ser más persuasivos cuando apelamos a los valores que resultan atractivos para una tendencia particular:

- Los favorecedores valoran la autodeterminación y la ejecución.
- Los cuestionadores valoran la justificación y el propósito.
- Los complacientes valoran el trabajo en equipo y el deber.
- Los rebeldes valoran la libertad y la identidad propia.

Como las tendencias ven el mundo de tan diferente forma, no existen soluciones mágicas y universales para influir en nosotros o en los demás. Yo hago ejercicio con regularidad porque eso está en mi lista de pendientes; un cuestionador se sabe de memoria los beneficios de la buena salud; un complaciente da un paseo semanal en bicicleta porque ha encontrado un compañero de ejercicio, y un rebelde corre cuando le acomoda, cada vez que le dan ganas de salir a la calle.

Mi padre, que es un cuestionador, me contó cómo dejó de fumar: "Tu madre y yo teníamos problemas de dinero y yo calculé cuánto ahorraría si dejaba de comprar cigarros y cuánto ganaría si invertía ese dinero"; hizo cuentas y se concentró en los beneficios de dejar de fumar. En contraste, un amigo complaciente dejó el tabaco cuando pensó en su obligación como padre: "Ahora que tengo un hijo, no puedo correr riesgos de salud absurdos, y quiero ser un buen modelo a seguir". Una rebelde dijo: "Me niego a esclavizarme a la adicción a la nicotina".

Entender las cuatro tendencias nos ayuda a ayudar a los demás, ya que nos permite desempeñar el papel que necesitan. Por ejemplo, es importante que las personas con diabetes tomen sus medicinas en forma sistemática, se alimenten sanamente, hagan ejercicio y visiten al médico. Mi hermana Elizabeth tiene diabetes tipo 1 y me contó: "Mi doctor me platicó que algunos pacientes lo dejan porque dicen que es 'demasiado amable'". "¿Qué significa eso?", pregunté. "Que no es bastante estricto con ellos si no hacen lo que deben." "¡Te apuesto a que son complacientes que necesitan más responsabilidad!", le dije. "A ti te basta con tener citas regulares para hacerte responsable, pero algunos complacientes necesitan consecuencias. Cambian de doctor para obtener mayor responsabilidad."

Con las cuatro tendencias en mente, ese médico podría adaptar su relación con sus pacientes para darles la responsabilidad que necesitan y tener éxito.

Algunos profesionales de la salud ya usan las cuatro tendencias:

> Soy un favorecedor clásico; trabajo como dietista en la Clínica Mayo en la unidad de pacientes externos. Ignoraba por qué algunos pacientes se resisten a hacer cambios en sus hábitos alimenticios; todos saben que su salud y el control de su enfermedad mejorarían si cambiaran esos hábitos, pero muchos no lo hacen. Conocer las cuatro tendencias revolucionó mi forma de pensar y mejoró drásticamente la calidad de la atención que brindo a mis pacientes.

De igual modo, un fisiólogo informó:

> Trabajo en rehabilitación cardiaca y gran parte de mi labor consiste en motivar el cambio hacia una conducta sana. Ahora puedo identificar con claridad la tendencia de cada persona:
>
> Favorecedor: "Eso es lo que debo hacer, ya entendí".
> Cuestionador: "¿Por qué tengo que hacerlo? Deme evidencia, quiero razones".

Complaciente: "Permítame demostrarle lo bien que puedo hacerlo".

Rebelde: "No me diga qué comer o cómo hacer ejercicio".

Con exasperación, un lector me escribió: "Me agrada mi terapeuta, pero aunque le dije que necesito responsabilidad externa, parece no entenderlo; está convencida de que debo 'motivarme' y 'hacer las cosas por convicción propia'. Claro que eso no me da resultado, nunca lo ha hecho; quiero hacer algo que funcione".

He oído esto muchas veces y debo decir que no entiendo por qué la gente ve como un *problema* —o peor todavía, como un *estigma*— requerir responsabilidad externa para cumplir un objetivo. Mi opinión es: "Todo lo que te dé resultado está bien. Descubre qué".

Es común que queramos cambiar un hábito, propio o ajeno. ¿Y cuál es uno de los peores y más frecuentes errores cuando tratamos de ayudar a alguien a hacerlo? Invocar el terrible "Deberías...".

- "Si la salud es importante para ti, *deberías* hacer ejercicio tú solo."
- "Si tomas en serio este empleo, *deberías* apegarte al horario que establecí."
- "Si quieres hacer una venta, *deberías* adaptar las reglas."
- "Si me respetas, *deberías* hacer lo que te digo y no contestar con insolencia."
- "Si te respetaras, *deberías* darte tiempo para escribir."

Pero no importa lo que creamos que una persona (o nosotros mismos) "debería hacer"; lo que importa es *lo que le sirve a cada individuo*. Para ayudar a los demás a cambiar sus hábitos o conducta, podemos ayudarles a obtener lo que necesitan, sea esto más claridad, información, responsabilidad externa u opciones.

Una lectora me escribió: "Soy complaciente y mi esposo cuestionador. Cuando le conté tu teoría, finalmente entendió por qué me agrada que me pregunte si comí sanamente ese día (por responsabilidad). Él pensaba que esa petición era extraña, porque si yo quería comer sanamente, ¿por qué acataba la decisión de hacerlo?".

Cuando entendemos las cuatro tendencias, podemos crear situaciones que funcionen mejor para todos. Supongamos que un gerente dirige un equipo con varias tendencias; en la reunión en que anuncia que la compañía ha adoptado un nuevo sistema de procesamiento, podría hacer su presentación y decir después: "Si creen que ya saben lo suficiente sobre el nuevo sistema y el motivo de que lo hayamos adoptado, regresen a su escritorio; si quieren saber más, quédense y responderé todas sus preguntas". De esta forma, les permitirá ahorrar tiempo a quienes ya no requieren más explicaciones (sobre todo complacientes y favorecedores) y les dará a los demás (quizá cuestionadores en su mayoría) la información que necesitan para aceptar el cambio. Los rebeldes se marcharán cuando lo deseen.

Para dirigirse a todos los alumnos de su grupo, una profesora podría explicar el propósito de los requisitos de su curso: "Al paso de los años, los estudiantes han descubierto que hacer resúmenes de artículos les ayuda a asimilar información, además de que son invaluables herramientas de repaso cuando se preparan para sus exámenes". A lo largo del semestre podría pedir correos mensuales de revisión para que los alumnos la pongan al tanto de sus avances; podría ofrecer tres posibles tareas entre las cuales elegir en lugar de una sola. Al tomar en cuenta las cuatro tendencias, ayudará a sus estudiantes a triunfar.

Hay errores muy comunes. Cuando intentamos persuadir a alguien, favorecedores y cuestionadores suelen enfatizar la importancia de las expectativas internas: "Tienes que decidir qué quieres", "Debes tener intenciones claras", "Determina tus prioridades, establece qué es lo correcto para ti", todos éstos son consejos maravillosos *para favorecedores y cuestionadores.* Los complacientes tienden a ofrecer argumentos como "No hacerlo puede incomodar a alguien", "Tienes que hacerlo, forma parte de tu trabajo", "No es correcto que alguien más lo haga", magníficos para *otros complacientes.*

Una profesora me escribió:

Pienso que todos los buenos maestros usan las tendencias, aun si no las conocen. He aquí un ejemplo: mis alumnos tienen entre cuatro y cinco años de edad y toman una siesta en la escuela; la mayoría de ellos la necesita, pero muchos se resisten a tranquilizarse. He aquí cómo manejo esto:

Favorecedores: Tuvimos un día muy ajetreado. Corrieron mucho y vamos a jugar cuando despertemos; por eso quiero que estén descansados.

Cuestionadores: ¿Por qué creen que les pido que tomen una siesta todos los días? ¿Por qué es importante? Ellos me responden con ideas y les digo: ¡Correcto! ¿Están de acuerdo entonces con que deberían descansar (responden que sí, porque tiene sentido para ellos)?

Complacientes: Me sentiría muy orgullosa de ustedes si tomaran una siesta como ayer. Sé que pueden y que se sentirán muy bien físicamente cuando despierten.

Rebeldes: No es forzoso que tomen una siesta, pero ¿podrían

estarse quietos en su cama unos minutos? Si no están cansados podrán leer un libro (les gusta saber que dormir es su decisión e invariablemente terminan tomando la siesta).

Reflexionar en las cuatro tendencias suele dejar claro por qué no congeniamos con alguien. Frecuentemente nos enfadamos con los demás a causa de nuestras tendencias. Por ejemplo, un favorecedor podría reprender incesantemente a un equipo: "¡Lo harían si tomaran la decisión de hacerlo!"; un cuestionador podría enviar numerosos correos con estudios de productividad a un compañero complaciente; un complaciente podría reclutar a un rebelde para una sesión semanal de ejercicios; un rebelde podría exhortar a un favorecedor a dejar de ser tan estricto. Estos desajustes de comunicación producen frustración, por bienintencionados que sean.

En algunas situaciones, las fallas de comunicación derivadas de las cuatro tendencias pueden ser muy peligrosas. Si un policía dice: "¡Baje del auto!", un cuestionador o rebelde podría replicar: "¿Por qué debo hacer eso?", "¿Qué le da derecho a pedírmelo?", "No hice nada, es una arbitrariedad que me detenga", "Usted no puede darme órdenes". Entre más órdenes dé el policía, más resistencia provocará, de lo que podría desprenderse una situación grave.

A mí me encanta identificar anuncios que logran atraer (o no) a las cuatro tendencias. Podemos incitar la cooperación de todas las tendencias o provocar resistencia dependiendo de cómo formulemos un mensaje.

Para elaborar un anuncio que dé resultado con todas las tendencias debemos proporcionar *información, consecuencias y elección*. Ésta es la secuencia que surte efecto con los rebeldes, por supuesto, pero también los cuestionadores cooperan más cuando tienen información y justificación, y los complacientes cuando conocen las consecuencias. Los favorecedores tienden a seguir una regla.

Cuando visité una compañía, no pude resistir la tentación de tomar una foto del letrero en un gabinete del baño de mujeres. Este anuncio no está debidamente dirigido a las cuatro tendencias.

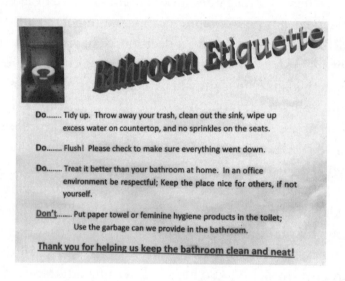

[Sí... Sé ordenada. Tira la basura, limpia el lavabo, seca el exceso de
agua y no salpiques el asiento.
Sí... ¡Jala! Confirma que se haya ido todo.
Sí... Cuídalo más que el baño de tu casa. Sé respetuosa en una ofici-
na, mantén agradable el lugar para las demás, no para ti.
No... Deposites papel ni toallas sanitarias en el escusado, usa el
bote de basura.
¡Gracias por ayudarnos a mantener limpio y ordenado este baño!]

Este anuncio fue escrito por una persona complaciente para complacientes; fíjate en la frase "mantén agradable el lugar para las demás, no para ti", dirigido a complacientes. Para convencer a una rebelde sería más efectivo lo *contrario*: "Mantén agradable el lugar para ti, no para las demás". Además, todos esos imperativos síes y noes podrían motivar a una rebelde —incluso a una cuestionadora y una favorecedora como yo— a resistirse.

Es muy fácil que un letrero cause resistencia. Un rebelde me escribió: "Cuando veo esos anuncios de 'Gracias por no fumar' o lo que sea, me dan ganas de fumar ¡aunque no fumo! Detesto que, como me ordenaron hacerlo, lo haré".

[GRACIAS POR NO FUMAR]

Por otra parte, cuando me senté en la sala de lectura de mi querida New York Society Library, vi un inteligente aviso que requirió muy pocas palabras para interesar a las cuatro tendencias:

[Toma nota
Se han visto hormigas en este lugar.
Ayúdanos a proteger el acervo.
No comas ni bebas.]

Esto apela a los favorecedores: "He aquí las reglas, síguelas". Apela a los cuestionadores: "La razón de la regla: la comida y la bebida atrae bichos que dañan los libros". Apela a los complacientes: "Hay personas que han infringido las reglas, porque hay hormigas, así que ¡alto!". Y apela a los rebeldes: "Quienes acuden a esta sala son bibliófilos o lectores que valoran la biblioteca, así que deciden actuar para que el acervo sea resguardado; además, ¿a quién le gusta trabajar en un lugar lleno de hormigas?".

El anuncio en un baño del Willard Hotel de Washington apela a favorecedores, cuestionadores, complacientes y rebeldes. Fíjate en la última línea —con letra más grande—, dirigida específicamente a los rebeldes.

[Prosigue nuestro esfuerzo por conservar y reducir.

Reutilizar las toallas elimina el desperdicio de miles de galones de detergente y agua cada año.

Si quieres reutilizar tus toallas, por favor cuélgalas.

Si no, déjalas en la tina.

Agradecemos tu apoyo a este programa y, como siempre, la decisión es tuya.]

El hotel Ritz-Carlton en Amelia Island, tenía obvias dificultades con los huéspedes que dejaban abiertas las puertas corredizas. Me imagino que algunas personas pensaban: "¿Qué me importa que haya condensación? Ése es un problema a largo plazo para el hotel. ¿Pero no tener aire acondicionado y que haya insectos voladores? Ése es ahora un problema para *mí*".

[ESTIMADO HUÉSPED
Mantenga siempre cerradas las puertas corredizas
La gran humedad de Florida causa condensación y daña el agua
El aire acondicionado se apagará si abre la puerta
Insectos voladores entrarán a la habitación]

El rótulo siguiente sintoniza con las cuatro tendencias: información, consecuencias, elección. Además, un llamado a la identidad no le hace mal a nadie.

La orina del perro daña las plantas y la popó apesta.
Sea amable y ayúdenos a mantener limpia esta área.
Gracias

Para que un mensaje importante sea efectivo es necesario que resuene en cada tendencia. Cuando el huracán Sandy asoló Nueva York, el alcalde, Michael Bloomberg, ordenó la evacuación de los barrios vulnerables, pero muchas personas se negaron a hacerlo, algo que a mí, como favorecedora, me dejó pasmada.

¿Cómo podría formular un alcalde un aviso de evacuación para convencer a personas de todas las tendencias?

Los **favorecedores** desalojarán la zona si se establece esa expectativa, así que el aviso debería enunciar con claridad que se espera que la gente se marche. Los favorecedores requerirían de poca labor de convencimiento.

Los **cuestionadores** se retirarán si se les persuade de que esta acción tiene sentido, de modo que el aviso debería dar amplias justificaciones acerca de cuándo, dónde y con qué fuerza impactará el huracán, cuáles serán los riesgos, por qué es preciso evacuar, por qué cada barrio en particular está en riesgo y por qué una casa elevada o bien construida de todas formas está en riesgo. El aviso debería indicar también a qué expertos —meteorólogos, ingenieros, arquitectos— se ha consultado. Debe evitarse comparar una tormenta con la anterior, porque si una persona no tuvo consecuencias previas, podría concluir que la tormenta que llegará no será peligrosa.

Los **complacientes** desocuparían sus casas si hay una responsabilidad externa, de manera que el aviso debería enfatizar que no evacuar pondría en riesgo a su familia y al personal de rescate, que los empleados del gobierno sabrán si los residentes han desalojado y se impondrán sanciones a quienes se nieguen a marcharse. Esto le recordaría a la gente su obligación de mantener a salvo a sus familiares y vecinos y de dar ejemplo de buenos ciudadanos. Debería enfatizar que la mejor forma de cuidar de otros (incluyendo a las mascotas) es desalojar la zona.

Los **rebeldes** no soportan que se les diga qué hacer, pero estarían más dispuestos a evacuar si se limitara su libertad y comodidad. El aviso debería hacer hincapié que quienes no desalojen quedarán atrapados, quizá durante varios días, y que las condiciones en sus hogares serían desagradables y peligrosas, en el peor de los casos, con probable falta de electricidad, agua corriente y transporte público. Y no habrá comida china para llevar.

Además, el alcalde debería informar también a la gente que su nombre será registrado. Así, sea cual sea nuestra tendencia, es probable que nos comportemos de otro modo si actuamos bajo el anonimato.

Dada mi búsqueda de letreros dirigidos a las cuatro tendencias, siempre echo un vistazo a la cocina cuando visito una compañía; los rótulos dispuestos en diversos refrigeradores y fregaderos darían materia para un maravilloso estudio acerca de cómo podemos ser más —o menos— persuasivos. En Better app planteé un animado debate sobre las tendencias con la pregunta "¿Cuál es el mejor letrero sobre los platos sucios en el fregadero de la oficina?".

Un complaciente propuso éste:

> Gracias por cuidar tus platos. Mételos en el lavavajillas. Si está lleno, vacíalo y recárgalo. Si está en operación, deja tus platos enjuagados en el fregadero y vuelve a ocuparte de ellos más tarde. Tu mamá no está aquí para limpiar tu tiradero.

"¡Vaya!", pensé, "*sobran razones* para que este anuncio no dé resultado."

Algunas buenas ideas ni siquiera implican anuncios; por ejemplo, darles a todos una taza personalizada: el impulso a cuidar "mi taza" es más fuerte, y el anonimato imposible.

En lo relativo a los anuncios, sin embargo, la conclusión de nuestro grupo fue que la fórmula ganadora es, en efecto, la de *información-consecuencias-elección,* o quizá ningún letrero en absoluto y, sobre todo, *humor.* Un aviso con humor puede acertar de manera informativa y memorable sin provocar resistencia; la caricatura adecuada de *Dilbert* o *The New Yorker* funciona mejor que todo un párrafo de indicaciones. Recuerdo un letrero que vi en una alberca: "Nosotros no nadamos en tu retrete; por favor no orines en nuestra piscina". Para la cocina de la empresa, un rebelde sugirió este anuncio: "Si la cocina permanece limpia, nos ahorraremos los avisos que le ruegan a la gente que no la ensucie".

En casi cualquier situación, formular expectativas acordes con las cuatro tendencias puede favorecer la cooperación y cumplimiento generando menos fricción. En la mayoría de los casos, cuando tratamos de influir en los demás usamos las estrategias que nos servirían a *nosotros.* En cambio, las cuatro tendencias pueden ayudarnos a darles a los demás lo que *ellos* necesitan, no lo que nosotros queremos. Y entonces podremos colaborar con más armonía.

13. Cualquiera que sea nuestra tendencia, podemos aprovechar sus fortalezas

Así como una planta de café puede crecer [...] por debajo de los 2,100 [metros sobre el nivel del mar] y el cedro por arriba de esa altura, creo que a fin de sentirse libre y feliz, cada ser humano requiere cierto tipo de suelo, temperatura y altitud, muy definidos para algunos, casi universales para otros; es decir, siendo libres para desarrollar su naturaleza hasta donde sea posible hacerlo. Creo que uno puede sentirse totalmente libre en un monasterio o en la corte de Berlín, aunque considero que una personalidad poco común, e inusualmente agraciada, se sentiría libre en ambos lugares.

Isak Dinesen, carta del 19 de agosto de 1923

Nuestras tendencias dan forma a nuestras experiencias y perspectiva. Respondemos a las circunstancias y a la lengua de maneras diferentes y nos desarrollamos en entornos diferentes.

Pero cualquiera que sea nuestra tendencia, con más experiencia y sabiduría podemos aprender a aprovechar sus fortalezas y contrarrestar sus aspectos negativos.

Una tarde, después de que di una charla sobre las cuatro tendencias, un señor me preguntó: "¿Cuál tendencia hace más feliz a la gente?". Me sorprendió darme cuenta de que nunca se me había ocurrido una pregunta tan obvia. "Asimismo", continuó él, con una pregunta complementaria igualmente factible, "¿qué tendencia es la más exitosa?"

Noté que la respuesta es —como de costumbre— "todo depende". Depende de cómo lidie una persona particular con las ventajas y desventajas de su tendencia. Las personas más felices y más exitosas son aquellas que han entendido a explotar su tendencia en su beneficio y, también, a contrarrestar sus limitaciones. Todos podemos dar los pasos necesarios para producir la vida que deseamos, pero debemos hacerlo en la forma indicada *para nosotros*.

Me obsesiona lo que con tan pocas palabras dijo el novelista y rebelde John Gardner: "Cada vez que violas la ley, lo pagas, y cada vez que la obedeces, lo pagas". Favorecedores, cuestionadores, complacientes y rebeldes, debemos vérnoslas con las consecuencias de nuestra tendencia: sus fortalezas y debilidades, sus flaquezas y frustraciones.

Cuando comprendemos nuestra tendencia, somos más capaces de entender cómo, cuándo y por qué pagamos, y cómo forjar la vida que queremos.

APÉNDICES

Agradecimientos

¡Qué dicha fue escribir *Las cuatro tendencias*! Hay muchas personas a las que agradecer su ayuda e ideas para comprender las cuatro tendencias.

Primero, a mi familia: quienes me oyeron hablar de las cuatro tendencias prácticamente a diario durante varios años.

Gracias a mi brillante agente Christy Fletcher, así como a Sylvie Greenberg, Grainne Fox, Sarah Fuentes y Mink Choi, de Fletcher & Co.

Gracias a mi maravillosa editora, Mary Reynics, y al extraordinario equipo de Diana Baroni, Sarah Breivogel, Julie Cepler, Aaron Wehner y todos los que trabajaron conmigo en *Las cuatro tendencias*.

Y gracias también a Lisa Highton, de Two Roads.

Beth Rashbaum hizo una sobresaliente labor para ayudarme a transmitir mis ideas con claridad.

Mike Courtney y Quyen Nguyen, de Aperio Insights, realizaron un trabajo extraordinario de creación y supervisión del test de las cuatro tendencias.

Gracias al fantástico personal de Worthy Marketing: Jayme Johnson, Jody Matchett, David Struve y todos los demás.

Crystal Ellefsen me ayuda todos los días a llevar mis palabras al mundo.

Mighty Networks elaboró, mantiene y asesora la aplicación Better app. Gracias inmensas a Gina Bianchini, Audra Lindsay, Brian Vu, Rachel Masters y a todos los demás.

En el área de los podcasts, quiero dar las gracias a la fabulosa gente de Panoply: nuestra genial productora, Kristen Meinzer; el exproductor Henry Molofsky, y Andy Bowers y Laura Mayer. Gracias también a mi colega y hermana, la sabia Elizabeth Craft.

Evaluación rápida sobre las cuatro tendencias de Rubin

Muchos lectores me han solicitado un método rápido e informal para deducir la tendencia de una persona.

He oído decir lo mismo a gerentes, que deben tomar decisiones de contratación; maestros, que quieren comprender a sus alumnos; profesionales de la salud, que necesitan ajustar su método a sus pacientes; personas que acuden a una primera cita, y desean evaluar a una posible pareja; e individuos que sencillamente quieren conocer el tema de las cuatro tendencias para romper el hielo en una fiesta.

Unas cuantas preguntas pueden dar una noción muy precisa de la tendencia de una persona. Es importante no buscar una "respuesta" específica, sino prestar atención al razonamiento de la gente y el tipo de lenguaje que emplea. Sus respuestas son menos importantes que la forma en que reflexionan sobre la pregunta.

Dado que las tendencias se vinculan entre sí, dos de ellas podrían responder una pregunta particular de la misma manera.

Tómese en cuenta que las tendencias del cuestionador y el complaciente son las más numerosas, así que es muy probable que trates con alguna de las dos.

Por supuesto que, dependiendo de la situación, la gente podría no ser sincera, por temor a que una respuesta honesta dé un lamentable reflejo de ella.

"¿Qué opinas de los propósitos de Año Nuevo?"
En general, a los favorecedores les gustan los propósitos de Año Nuevo, aunque también los hacen en otras fechas.

Los cuestionadores hacen y cumplen propósitos, pero frecuentemente alegan que el 1 de enero es una fecha arbitraria o que es ineficiente esperar para iniciar el cumplimiento de un propósito.

Los complacientes suelen decir que ya no hacen propósitos de Año Nuevo porque los han incumplido muchas veces en el pasado, o que si los hacen por lo general no los cumplen.

Es común que los rebeldes no se aten a ningún tipo de propósito. En ocasiones les parece divertido hacerlo y enfatizan que así lo quisieron, lo disfrutaron y les gustó el desafío.

"Imagina que hubiera un letrero en la pared que dijera 'Prohibido usar teléfonos celulares' y que yo sacara el mío y lo usara. ¿Qué pensarías de eso?"
Los favorecedores dirán que se sentirían muy incómodos.

Los cuestionadores analizarán las posibles justificaciones de la regla y decidirán si es válida. Si la consideran absurda, no les molestará ver que alguien la infringe.

Los complacientes dirán que se sentirían incómodos, lo que justificarían diciendo que utilizar teléfonos celulares en lugares públicos puede incomodar o fastidiar a otros y que merece una reprimenda el infractor.

Los rebeldes dirán que no les importa; esa infracción incluso podría agradarles.

"¿Alguna vez tomarías un curso gratis por el solo placer de hacerlo? Y si lo hicieras, supongamos que alguien cercano a ti dijera: 'Me incomoda que tomes ese curso'. ¿Cómo reaccionarías?" Es probable que la mayoría diga algo como: "Dependería de por qué surgió esa incomodidad, la gravedad, lo importante que sea para mí tomar ese curso, etcétera". Asegúrale entonces que ese curso representaría una incomodidad mínima para aquella persona.

Los favorecedores tenderán a decir que asistirían al curso. Quieren ir; se inscribieron; lamentan que eso moleste levemente a alguien, pero pueden vivir con eso. Enfatizarán el valor de apegarse a sus planes y satisfacer sus expectativas.

Los cuestionadores dirían lo mismo, aunque podrían detenerse en las razones y justificaciones de su decisión de tomar el curso.

Los complacientes titubearán al pensar que alguien podría incomodarse. Esa expectativa externa será abrumadora.

Los rebeldes dirán que no asistirían si no tienen ganas de hacerlo. Podrían decir que jamás se inscribirían a un curso; ¿cómo podrían saber si lo harían? Y, aunque se inscribieran, no irían si no tienen ganas.

"¿Recuerdas haber adoptado alguna vez un hábito importante?" Una respuesta como "Durante años salí a caminar todas las mañanas con una vecina, pero se mudó y dejé de hacerlo" sugiere a un complaciente, mientras que "Leo mucho sobre las nuevas investigaciones acerca de la importancia del entrenamiento intensivo, y después de haberme entrevistado con algunos instructores ahora lo practico con regularidad" sugiere a un cuestionador y "Corro cuando tengo ganas" sugiere a un rebelde. Los favorecedores darán muchos ejemplos.

"¿Se te facilita cumplir una lista de pendientes? ¿Incluso si no la hiciste tú?"

Los favorecedores cumplen sus listas de pendientes tan fácilmente como las asignadas por otros.

Los cuestionadores las cumplen con mayor facilidad si las hicieron ellos mismos.

Los complacientes las cumplen con más facilidad si las hicieron otros.

Los rebeldes suelen ignorarlas o les darán un giro propio, como "Tengo una lista de pendientes permanente y cuando me dan ganas de resolver uno de sus puntos, lo hago, siempre y cuando esté de humor".

Preguntas aún más rápidas por formular:

"¿La gente te llama rígido a veces?"
    "Sí" sugiere favorecedores.

"¿Alguna vez te han dicho que haces demasiadas preguntas?"
    "Sí" sugiere cuestionadores.

"¿Estás de acuerdo con que las promesas que les hacemos a otros no deben incumplirse mientras que las que nos hacemos a nosotros mismos sí pueden quedar sin cumplir?"
    "Sí" sugiere complacientes.

"¿Crees que algo es más divertido si va contra las reglas?"
    "Sí" sugiere rebeldes.

Cada tendencia tiene una interrogante primordial:

- Los favorecedores preguntan: "¿Debo hacer esto?".
- Los cuestionadores preguntan: "¿Esto tiene sentido?".
- Los complacientes preguntan: "¿Esto importa para alguien más?".
- Los rebeldes preguntan: "¿Ésta es la persona que quiero ser?".

Recursos adicionales de las cuatro tendencias de Rubin

Dispongo de muchos otros recursos para ayudarte a comprender y usar la teoría de las cuatro tendencias.

El principal recurso adicional es Better app, de la que se habla en la página 277. Better app te permitirá usar las cuatro tendencias para tener una vida *mejor*, aprovechando cada una para alcanzar tus objetivos (o para ayudar a otros a hacerlo); también te facilitará formar grupos de responsabilidad o unirte a ellos.

He creado dos guías resumidas de consulta rápida de las cuatro tendencias. Para obtener un PDF visita gretchenrubin.com para bajarlo o envíame un correo para solicitarlo:

- Evaluación rápida, para ayudarte a determinar la tendencia de alguien de modo breve e informal.
- Guía de las cuatro tendencias, una síntesis de las cuatro tendencias, con sus fortalezas, debilidades y patrones de conducta.

También puedes solicitar por correo:

- La guía de análisis de *Las cuatro tendencias*, para grupos de lectura o trabajo, grupos de fe y espirituales, talleres, grupos de responsabilidad y similares.

- El kit de inicio para comenzar un grupo de responsabilidad.
- Lecturas adicionales sobre otras clasificaciones de la
  personalidad: si una buena teoría de la personalidad te
  interesa tanto como a mí, estas otras obras te atraerán.

También escribo frecuentemente sobre las cuatro tendencias
en mi blog, gretchenrubin.com, y junto con mi colega y hermana, Elizabeth Craft, solemos hablar de esta teoría en nuestro podcast, *Happier with Gretchen Rubin*; por ejemplo, nos
ocupamos de cada una de las cuatro tendencias en los episodios 35, 36, 37 y 38.

Better App: las cuatro tendencias de Rubin

En colaboración con el distinguido equipo de Mighty Networks, creé Better app, completamente dedicada a usar las cuatro tendencias para hacer tu vida... *mejor*.

Better app te ayudará a utilizar la teoría de las cuatro tendencias para mejorar tu vida, así como para ayudar y persuadir a los demás con más efectividad.

Apenas puedo abandonar un instante las conversaciones que ocurren en esta app; las ideas, experiencias y sugerencias de la gente son fascinantes.

Better app te permitirá:

- Unirte a grupos de responsabilidad ajustados a tu tendencia específica. ¡Los complacientes saben que los necesitan! La responsabilidad estará siempre contigo, justo en tu bolsillo.
- Conocer a otros complacientes, cuestionadores, favorecedores y rebeldes para obtener apoyo, motivación e ideas para lidiar con tu tendencia y las de los demás.
- Participar en conversaciones sobre temas relacionados con las cuatro tendencias, como:

Trabajo y carrera
Productividad
Hijos y padres

Dirección de equipos, pacientes o clientes
Amor y relaciones
Consecución de metas
Diversión con las cuatro tendencias (aquí es donde realmente me permito soltarme el pelo)
Creación de hábitos
Responsabilidad
Mejor salud

Entérate de más cosas en línea, en www.BetterApp.us, o busca "Better Gretchen Rubin" en tu tienda de aplicaciones.

Notas

Algunas de las historias personales de este libro fueron relatadas por sus protagonistas en correos electrónicos y comentarios de blogs: y aunque cambié detalles reveladores y edité comentarios a fin de reducirlos y precisarlos, todas las historias son de personas reales.

CAPÍTULO 1. LAS CUATRO TENDENCIAS

1 Encuesta cuantitativa realizada por Aperio Insights entre una muestra representativa de estadunidenses adultos geográficamente dispersos y de diversos géneros, edades y niveles de ingreso; encuesta en línea de cuatro minutos levantada del 18 de julio al 2 de agosto de 2016, n = 1,564.

CAPÍTULO 3. DESCRIPCIÓN DEL FAVORECEDOR

1 Matt Huston, "Status Updates Don't Lie", en *Psychology Today*, 8 de julio de 2015, psychologytoday.com/articles/201507/status-updates-don-t-lie.

CAPÍTULO 5. DESCRIPCIÓN DEL CUESTIONADOR

1 consumerreports.org/health/resources/pdf/best-buy-drugs/money-saving-guides/english/DrugComplianceFINAL.pdf.
2 Walter Isaacson, *Steve Jobs*, Simon & Schuster, Nueva York, 2011, pp. 43, 453-456.

CAPÍTULO 7. DESCRIPCIÓN DEL COMPLACIENTE

1   Kelly McGonigal, *The Will-power Instinct: How Self-control Works, Why It Matters and What You Can Do to Get More of It*, Avery, Nueva York, 2013.
2   Nalika Gunawardena *et al.*, "School-based Intervention to Enable School Children to Act as Change Agents on Weight, Physical Activity and Diet of Mothers: A Cluster Randomized Controlled Trial", en *International Journal of Behavioral Nutrition and Physical Activity*, núm. 13, 2016, p. 45.

CAPÍTULO 9. DESCRIPCIÓN DEL REBELDE

1   Claire Cain Miller y Quoc Trung Bui, "Rise in Marriages of Equals Helps Fuel Divisions by Class", en *New York Times*, 27 de febrero de 2016, p. A1.

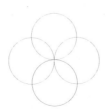

Esta obra se imprimió y encuadernó
en el mes de abril de 2018,
en los talleres de Impregráfica Digital, S.A. de C.V.,
Calle España 385, Col. San Nicolás Tolentino,
C.P. 09850, Iztapalapa, Ciudad de México.